Monika Sintram-Meyer

Mit Hund, Zelt und Smartphone

Traumreise einer 74-Jährigen durch Frankreich

tredition®
www.tredition.de

© 2024 Monika Sintram-Meyer
Umschlag: Monika Sintram-Meyer
Fotos im Innenteil: Monika Sintram-Meyer

Druck und Distribution im Auftrag der Autorin:
tredition GmbH, Malerie 40-44, 22359 Hamburg,
Deutschland

ISBN 978-3-384-13967-2   Paperback
ISBN 978-3-384-13968-9   e-Book

ISBN 978-3-384-13967-2   Paperback
ISBN 978-3-384-13968-9   e-Book

Das Leben ist zum Mitmachen da, nicht zum Zuschauen.

Kathrine Switzer, US-amerikanische
Marathonläuferin und Autorin, *1947

Ich selbst bin Jahrgang 1948 und folge diesem Motto. Nicht aufgeben, neugierig bleiben und lebenslang lernen. Ruhestand? Gerne, aber nicht zu viel Ruhe. Mit etwas Mut lässt sich vieles schaffen, auch, was zunächst unmöglich erscheint. Heute sollte man sich der modernen Technik öffnen und das Smartphone sinnvoll nutzen. Ohne dieses hätte ich meine Tour durch Frankreich in dieser Form nicht machen können. Vielleicht regen meine Schilderungen auch andere an, mutiger zu werden und das Leben auf neue Art zu genießen und glücklich zu sein.

Monika Sintram-Meyer

In Gedenken an meinen Mann Peter, mit dem ich häufig unser geliebtes Frankreich bereist habe.

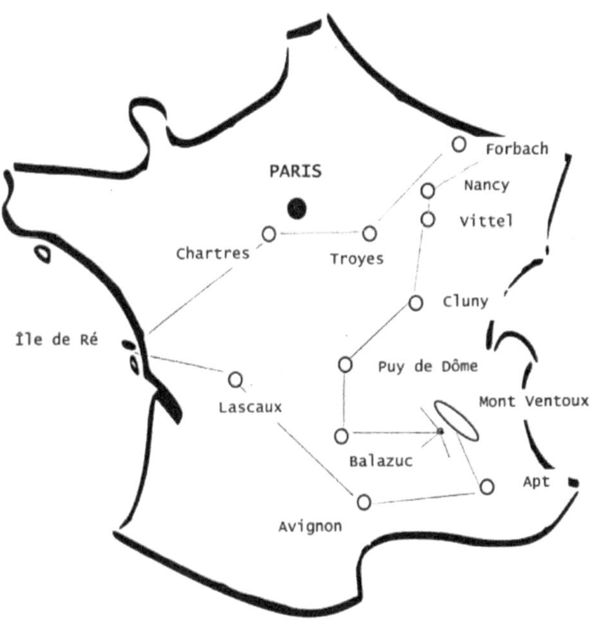

Grafik: (Pixabay), Monika Sintram-Meyer

Inhaltsverzeichnis

Prolog

Ich bin 74 Jahre alt, weitgehend gesund und neugierig auf die Welt. Leider ist diese weder friedfertig noch gerecht. Ich versuche im Kleinen meinen Beitrag zu leisten, um sinnvoll durch das viel zu kurze Leben zu reisen. Mir ist bewusst, wie schnell dieses enden kann. Oder, was mir noch viel schlechter erscheint, mich in einen hilflosen Zustand bringt. Abhängig von anderen, mit Schmerzen, ohne Hoffnung.

Deshalb versuche ich, bewusst und mit möglichst viel Freude zu leben. Ich helfe aktiv, auch mit Spenden, um wenigen Menschen ein etwas besseres Leben zu ermöglichen. Ich plane nur noch wenig: Von Tag zu Tag, Woche zu Woche und Monat zu Monat. Selten mehr. Ich versuche, möglichst spontan zu agieren. Dabei spielt naturgemäß das Wetter eine große Rolle. Bei meinen Planungen ist das Smartphone zum unentbehrlichen Helfer geworden.

Auch die in diesem Buch beschriebene Reise ist das Ergebnis von Spontanität, aber ebenso einer genauen Analyse hinsichtlich meiner Möglichkeiten. „Wenn nicht jetzt, wann dann?" – sagte ich mir.

Ich fuhr mit meinem ersten eigenen Auto. Mein Mann Peter schenkte es mir kurz vor seinem Tod. Er brauchte keines mehr. Er wollte, dass ich mein restliches Leben genießen kann. Während der Fahrt „saß" er neben mir - und hielt sich gelegentlich die Augen zu.

Die Hündin Nomi war wesentlich entspannter. Angeschnallt auf der Rückbank hinter mir, verschlief sie die Fahrt meistens, um bei jedem Halt wie auf Knopfdruck aktiv zu werden. Ich war unendlich glücklich, dass sie mich begleiten konnte. Gemeinsam haben wir das wunderbare Erlebnis einer Tour de France, einer Frankreich-Rundfahrt, genießen können.

Eingefügte Fotos als QR-Code

Um Kosten zu sparen – Anzahl der Farbbilder und die Seitenzahl – habe ich zahlreiche Fotos in Form eines QR-Codes eingefügt. Diese lassen sich mit dem Smartphone oder Tablet öffnen, wenn Sie

1. Bei Google angemeldet sind
2. Die Funktion QR-Code scannen aktiviert haben (Kameraeinstellungen)
3. Mit der Kamera* darüber gehen und scannen. NICHT den Auslöser betätigen. Es erscheint ein LINK, den sie antippen. Entweder das Foto erscheint sofort oder Sie werden aufgefordert, den LINK zu öffnen.

*Bei modernen Geräten benötigen Sie keine QR-Code-Reader-App.

Eine Anzeige – eine Idee

Plötzlich war sie da – die riesige, brennende, schmerzhafte Sehnsucht. Verursacht hat dies ein einziges Bild. LAVENDEL.

„Zur Lavendelblüte in die Provence". Eine Anzeige, die für eine Busreise im Juli wirbt. Diese las ich Anfang April an einem Sonntag in meiner Zeitung, die ich als E-Paper abonniert habe: Ein leuchtendes Foto, wie die Papierzeitung es niemals wiedergeben könnte. Ein violettes, blühendes Lavendelfeld. Und die große Sehnsucht überfiel mich. Einmal noch in der Provence den Lavendel sehen und riechen. Noch einmal auf einen dieser bunten, lebhaften Märkte gehen. Im Schatten der Platanen köstliches Essen genießen. Ich träumte mich ins Midi. Es ließ sich nicht verdrängen. Was ich auch tat, immer wieder sah ich diese Bilder in mir. Fotos aus meiner Cloud, wohl geordnet nach Jahrgängen, wurden häufiger von mir betrachtet als sonst.

Natürlich von unseren Reisen während der Sommerferien. Zum Glück bin ich inzwischen nicht mehr auf die Ferienzeit angewiesen. Ich meide diese sogar ganz bewusst. Und den Süden würde ich nur noch im Frühsommer bereisen. Später ist es zu heiß und vertrocknet. Und natürlich auch überfüllt.

Träume sollte man sich erfüllen, solange dies möglich ist. In meinem Alter wartet man nicht mehr. Nun also ganz aktuell mein Traum Provence. Ja, eine Busreise kann sehr schön sein. Ich sah mir das Programm genauer an. Es war okay, es war gut. Aber - man ist eingebunden in ein Programm, in eine Gruppe. Und ich merkte, das ist nicht das, was ich möchte. Ich dachte mir, wenn ich 80 bin, dann wäre es – vielleicht - das Richtige für mich. Ich spürte den Wunsch nach Unabhängigkeit. Selbstbestimmt reisen, das würde ich gerne, mich treiben lassen. Und dann war da auch noch der Puy de Dôme in meiner Datei „Was ich noch möchte" – Bucket List auf neudeutsch, wie ich inzwischen weiß. Diesen Berg in der Kette der Vulkanberge (Auvergne) nahe Clermont-Ferrand konnten wir 2012 auf unserer letzten Tour de France nicht besuchen. Ich war frisch pensioniert, und zu Schulbeginn am Donnerstag, den 2. August, begannen wir mit unserem Wohnwagen sowie dem Hund Bonsai unsere Reise. Ich hatte eine Route ausgearbeitet. Der südliche Teil Frankreichs fehlte. Auf Höhe Bordeaux wechselte die Richtung. Es ging weiter nach Osten. Der Puy war das Ziel. Dann kam der Regen, der sich in der Region festsetzte. Das hatten wir mit unserem Laptop im Internet in Erfahrung bringen können. Es gab WIFI (WLAN) auf den Campingplätzen, wenn auch meistens nur nahe der Rezeption. Also fuhren wir weiter Richtung Burgund, wo die Sonne schien, um den Trauben die notwendige Energie für einen guten Jahrgang zu liefern. Die Vulkanberge sah ich von der Autobahn – im Grau halb versunken. Ich war unendlich traurig. Und so kam es, dass der Berg in meine Datei der noch offenen Wünsche aufgenommen wurde.

Plötzlich war sie also wieder da – nach 11 Jahren - die große Sehnsucht nach Frankreich. Eines meiner, unserer Lieblings-Urlaubs Länder. Neben Dänemark, das gewissermaßen gleich um die Ecke liegt. Hinter mir, hinter uns allen, lag ein unruhiger Winter. Vor gut einem Jahr hatte Putin die Ukraine überfallen. Der Krieg beeinflusste auch unser Leben in Deutschland. Die Energiepreise stiegen. Gas und Strom wurden teurer. Es wurde gespart. Es wurde kühler im Land. Nicht nur in den Wohnungen, teilweise auch in den Herzen. Ich hatte Glück. Mit der Wärme, die ich durch Menschen erfuhr und selbst auch geben konnte. Auch in meinem Haus war es warm. Teilweise wurde mit Holz geheizt. Mein Mann hatte, solange er dazu noch in der Lage war, gut vorgesorgt. Um zu sparen hatte ich mich weitgehend ins Wohnzimmer zurückgezogen. Hier war es warm durch den Ofen. Mein Büro befand sich jetzt auf dem Esstisch. Ein leichtes Chaos machte sich breit. Aber es war gemütlich. Zumindest Corona spielte keine Rolle mehr. Man konnte sich wieder treffen. Es gab fröhliche Runden. Allerdings ließ das Frühjahr auf sich warten. So ist er – der März, dachte ich. März – immer wieder falle ich auf dich herein. Du bist kein echter Frühlingsmonat hier im Norden. Das ist mir hinlänglich bekannt. Schließlich hatte ich in diesem Monat jahrelang Frühjahrsferien. Es klang immer wie ein Versprechen, das nie gehalten wurde. Ich sprach deshalb irgendwann von - sogenannten - Frühjahrsferien in Hamburg. Es waren eigentlich Skiferien für die besser Betuchten, die vor vielen Jahren in der Elternkammer ihren Einfluss geltend gemacht hatten. Dabei blieb es. Nun, da kaum noch Schnee liegt, fliegt man eben auf die Kanaren oder noch weiter. Eigentlich beginnt das Frühjahr erst im April, aber in diesem Jahr – 2023 - war auch der April zumindest zu dessen Beginn eine große Enttäuschung. Nicht besonders angenehm.

Und in dieser Stimmung sah ich plötzlich diese Anzeige. Natürlich könnte ich mir die Provence nach Hause holen. Freunde zu einem südfranzösischen Abend einladen. Mit Baguette und Oliven. Ich könnte mein sogenanntes Provinz-Huhn kochen.

Ein Dessert mit Lavendel würde den Abschluss bilden. Dazu provenzalischer Roséwein. Das alles könnte ich machen. Mit passender Musik und entsprechender Deko. Und Lavendelgeruch im Haus wäre ebenso machbar. Aber es ist etwas völlig anderes, dort im Süden, in der warmen Provence-Luft unter Platanen zu sitzen. Um mich herum die französische Sprache zu hören. DAS wollte ich gerne. Die angebotene Reise war eine Busreise. Mein verstorbener Mann und ich hatten gemeinsam einmal eine Busreise gemacht. Sie passte in die damalige Zeit. Er konnte zu diesem Zeitpunkt nicht gut gehen, stand kurz vor seiner ersten Hüft-OP. Und so ließen wir uns also fahren. Er hat nicht alles mitmachen können wegen der Schmerzen. Aber er genoss es, die Landschaft des Baltikums kennenzulernen und kurze Spaziergänge zu machen. Ich war etwas mehr unterwegs als er, weil ich gut laufen konnte. Es war eine gute und passende Möglichkeit aus dem Alltag herauszukommen. Die Reise zeigte uns Masuren, Teile von Litauen, Lettland und Estland. Wir sahen Schlösser, Burgen, Kirchen, Plätze und Seen. Die Städte Thorn, Vilnius, Riga und Tallin beeindruckten uns. Die Verbindungen zur Hanse wurden deutlich. Schließlich liegen die Hansestädte Lübeck und Hamburg ganz in der Nähe meines Wohnortes.

Und die Rückfahrt? – sie war grandios. Sie führte uns von Tallinn über die Ostsee nach Stockholm.

Wir hatten eine Außenkabine gebucht. Am nächsten Morgen – wir blicken durch das Bullauge - fuhren wir bei Sonnenschein durch den Stockholmer Schärengarten. Ich kannte diesen schon von früher. Mein Mann nicht. Er wollte mit mir nie nach Schweden oder Norwegen reisen. Länder, die ich schon in den 1960-ern zum ersten Mal besucht hatte. In diesem Moment aber war es auch um ihn geschehen. Und endlich nahmen wir dann auch meinen alten Traum aus den 1970-er Jahren in Angriff: Mit Hurtigruten eine Postschiffreise machen. Diese fand Ende September/Anfang Oktober 2017 statt. Wir hatten jeden Tag Sonnenschein und an 5 Nächten sogar Nordlichter am Himmel. Es konnte gar nicht besser sein.

Als er bald danach schwer erkrankte, war er, waren wir beide sehr froh, dass wir uns diese sehr teure Reise gegönnt hatten. Es zeigte mir, man darf nicht warten.

Man MUSS seine Träume leben. Wenn man es kann – gesundheitlich, finanziell.

Geht das? Kann ich das?

Die Idee, allein eine große Rundfahrt mit dem Auto durch Frankreich zu machen, ging mir nicht mehr aus dem Kopf. Und doch zweifelte ich, ob es mir möglich sei. Ob es vernünftig sei. Das Thema Vernunft hakte ich bald ab. Auch mit 74 Jahren darf man unvernünftig sein. Vielleicht muss man es sogar. Ich weiß nicht, wieviel Zeit mir noch bleibt, um Verrücktes zu tun. Es war auch nicht das Alter, das mich zweifeln ließ, ob es mir möglich sei. Schließlich war ich gesund, außer etwas Arthrose in den Fingern. Aber – ich habe relativ wenig Fahrpraxis. In meinem Elternhaus in Hamburg gab es keinen Wagen. Wir fuhren mit Bus und Bahn, gingen viel zu Fuß. Später hatte ich Freunde und einen ersten Ehemann mit einem VW-Käfer. Anfang der 1970-er wurde ein Bully selbst ausgebaut. Damit ging es nach Skandinavien und in die Provence. Ich hatte nie einen Führerschein gemacht. Mir wurde dies auch nie als Problem signalisiert. Und für mich selbst war es auch keines. Wir lebten in Hamburg, wo es guten ÖPNV gibt. Später – Anfang der 1980-er - schon in einer neuen Beziehung, planten wir einen Frankreich-Urlaub. Mit dem Fahrrad. Die Fahrkarten wurden gekauft und 24 Stunden vor unserer Abreise gaben wir die Räder am Bahnhof ab. Unsere Abreise mit dem Zug in die Bretagne erfolgte am nächsten Tag. In Paris mussten wir umsteigen. In Vannes angekommen, stiegen wir auf die tatsächlich bereitstehenden Fahrräder um und fuhren los. Mit kleinem Zelt, Isomatten und viel Neugier auf diese Halbinsel. Sie eroberte unsere Herzen, obwohl sie sie sich als erstaunlich hügelig, fast bergig, erwies. Wir kamen in den Folgejahren häufig wieder. Irgendwann fuhren wir mit einem Wohnwagen nach Frankreich. Endlich auch mit einem Kühlschrank. Gekühlter Weißwein schmeckt einfach besser zu Hummer, den wir tatsächlich auch einmal vom Campingtisch aßen. Als wir Ende 1983 aufs Land – mitten in die Landschaft - mit unseren Schafen zogen, war mir klar: Ich muss nun einen Führerschein machen. Im dritten Anlauf schaffte ich die praktische Prüfung. Mit 35 Jahren. Aber ich fuhr nicht gerne. Es reichte, um von A nach B zu kommen, wobei diese Punkte nur wenige Kilometer auseinander lagen. Schon einige Ecken in Lübeck mochte ich nicht anfahren. Ich erinnere mich an eine Fahrt durch Hamburg. Eigentlich wollte ich zu einem Treffen nach Niedersachsen. Als es am Berliner Tor Richtung Elbbrücken wuselig wurde, gab ich auf. Irgendwie kriegte ich förmlich die Kurve und fuhr zurück. So emanzipiert ich ansonsten war, das Auto und ich wurden nie Freunde. Während der Reisen fahren? Niemals. Und im Ausland? Schon gar nicht. Dieses änderte sich langsam, nachdem mein Mann 2019 die Krebs-Diagnose erhielt. Die erste OP wurde in Hamburg durchgeführt, bei einer Koryphäe auf ihrem Gebiet. Aus 10-12 Tagen Aufenthalt wurden 6 Wochen. Während der Woche nahm ich die Bahn, was schon aufgrund meiner psychischen Verfassung gerade zu Beginn sinnvoll war. Denn nach der OP war mein Mann dem Tod näher als dem Leben. Irgendwann dann am Wochenende fuhr ich das erste Mal mit dem Auto. Dank des Navis meisterte ich die vertrackte Kreuzung, bei der sogar mein Mann vor dem ersten Klinikbesuch scheiterte und auf der falschen Spur landete. Das Navi führte auf den richtigen Weg zurück. Ja, das Navi trug im Wesentlichen dazu bei, dass ich mutiger beim Fahren wurde. Wenn ich falsch fahre, sagt die Navi-Frau mir schon, wo ich wenden kann. Oder sie schlägt mir eine andere Strecke vor. Da meistens ich es war, die das Navi einstellte, war ich mit dessen Bedienung schon gut geübt. Auch die verwendeten Begriffe wurden inzwischen richtig interpretiert. Einer Strecke zu FOLGEN bedeutet eben nicht, dass man GERADEAUS fährt. Ich glaube, das machen manche, die dann im Kanal oder auf dem Acker landen.

Mehr Selbstvertrauen in meine „Fahrkünste" bekam ich im Sommer 2020, der erste Corona-Sommer. Mein Stiefvater musste mit 94 Jahren seine Wohnung in der Seniorenresidenz verlassen und in die Pflegestation wechseln. Ich habe ihn, wie immer mit der Bahn kommend, besucht. Sein Sohn und ich klärten mit ihm, was aus seiner Wohnung geholt werden sollte. Er wollte seinen Computertisch und Schreibtischstuhl. WLAN, das es auf der Pflegestation nicht gab, bekam er von einem mobilen Router, den ich besorgt hatte. Das Personal staunte, als wir das Zimmer in ein kleines Büro umwandelten. Wir konnten uns Andenken mitnehmen. Ich nahm einen kleinen Teppich, den meine Mutter vor vielen Jahren ausgesucht hatte und eine Zeichnung von ihr. Blieb die Frage nach dem Daimler – so nannte mein Mann den Wagen immer. Es war klar – Autofahren wird nicht mehr möglich sein. Nach einigem Hin und Her hatte mein Mann gesagt, er würde ihn gerne fahren. Es ging ihm gerade etwas besser. So kam es, dass ich den Wagen kaufte und mit diesem zurück nach Hause fuhr. Ich sah dieses „Opfer" als Liebesbeweis für ihn. Die vorher bereits mit der Bahn-App gekaufte Rückfahrt „spendete" ich der Deutschen Bahn. Von Bayern nach Schleswig-Holstein. Es war gar nicht so schlimm, wie ich befürchtet hatte. Und dann noch ein fremder Wagen. „Geht doch", sagte mein Mann und fuhr später mit mir bei Sonnenschein durch die traumhaft schöne hügelige Landschaft des östlichen Schleswig-Holsteins. Wir genossen diese kurze, aber intensive Zeit. Und zum allerersten Mal gab es zwei Wagen in unserem Haushalt. Nach Hamburg zur Arbeit ging es früher immer mit der Bahn, und wir holten uns gegenseitig vom Bahnhof ab, wenn wir nicht gemeinsam fuhren.

In den letzten Jahren lernte ich auch das Navi von Google Maps kennen. Ich verwendete es zum Beispiel zu Fuß oder mit dem Rad. Da der Daimler kein Navi hatte, kaufte mein Mann eine Smartphone-Halterung und nutzte das Gerät während der Fahrt. Wir hatten beide verinnerlicht, dass nach der Zieleingabe das Fortbewegungsmittel zu wählen ist: Auto, Fahrrad, Fuß.

All das ging mir durch den Kopf. Es hat sich in den letzten Jahren – zum Glück für mich – viel geändert. Ich muss nicht mehr in den Michelin-Atlas sehen, um die Route zu planen und mir zu merken. Ohne Beifahrer – früher war das mein Job – ist es schwierig zu fahren. Es sei denn, man will sich nur auf Autobahnen fortbewegen. Aber gerade das hatte ich natürlich nicht vor. Nur zwischendurch, um Strecke zu machen.

Im August 2022 - 2 Monate nach dem Tod meines Mannes - die wichtigsten Formalitäten waren erledigt, mietete ich mir für eine Woche ein Ferienhaus in Dänemark. Ich fuhr zum ersten Mal ins und im Ausland. Mit 73 Jahren. Es gab keine Probleme. Vor Ort nahm ich allerdings wegen der Fortbewegungsart nur das Fahrrad mit kleinem Hundeanhänger. Im Korb hinter dem Fahrradsattel funktionierte es nicht mit Nomi. So heißt die Nachfolgerin von Bonsai, der 2019 an einem Tumor starb. Sie steckte immer ihre „Hand" durch das Gitter und kratzte mich am Rücken. Mit der kleinen Kutsche, in der meine „Prinzessin" saß, ging es viel besser. Gut erholt kamen wir von unserem Urlaub zurück. Und ich wurde selbstbewusster, was das Thema Autofahren betraf.

Daran erinnerte ich mich, als ich die Realisierbarkeit meines Traumes überprüfte. Aber es gab noch mehr zu bedenken. Ich werde im Gebirge fahren müssen – kann ich das? Bisher habe ich nur Erfahrung im Ostholsteinischen Hügelland gesammelt. Ich wohne übrigens selbst ca. 60 m hoch. Aber habe ich damit Bergerfahrung? Wohl kaum.

Was kann das Auto?

Im Herbst 2019 bestand mein Mann darauf, ein neues Auto zu kaufen. Er wollte gerne ein Konto auflösen und das Geld ausgeben. Aber, wie bei uns üblich, zahlte ich die Hälfte. Es sollte das erste Mal sein, dass ein Auto auf mich zugelassen wird. Und so erhielt ich mit 71 Jahren Autopapiere, in denen mein Name steht. Ich war nicht überzeugt von der Notwendigkeit und saß während der Bestellung im Autohaus meist relativ unbeteiligt daneben. Aber mein Mann gab an, was das Auto bieten müsse: Automatik, Tempomat, Spurassistent, Abstandsassistent. Es wurde ein smartes, vernetztes Auto bestellt. Ich traute mich zuerst gar nicht, damit zu fahren. Dann musste ich es. Mein Mann kam wieder in die Klinik. Danach in die Reha. 6 Wochen. Also musste ich fahren und lernte dabei das Auto schätzen. Ich komme während meiner Überlegungen zum Ergebnis, dass ich mit DIESEM Auto reisen kann. Auch in den Bergen.

Wo und wie werde ich übernachten?

Eine wichtige Frage. Die nächste folgte sogleich. Soll ich vorher buchen? Um mir ganz schnell die Antwort zu geben: Auf keinen Fall! Ich möchte in hohem Maße flexibel sein. Und damit komme ich zu meinem weiteren Helfer – dem Smartphone. Ich bin mit dessen Nutzung ziemlich fit. Ich bin in der Lage, wo immer ich auch bin, nach Hotels zu suchen, nach Campingplätzen, Restaurants, Sehenswürdigkeiten. Ich habe eine Buchungs-App. Ich weiß also immer, wo ich mich befinde und kann gezielt dort suchen.

Während meiner Überlegungen kristallisiert sich als Reisetermin der Juni heraus. Dann sind noch keine Ferien und die sommerliche Hitze im Süden ist noch nicht so groß. Außerdem habe ich, außer einer Geburtstagsfeier Anfang des Monats, keine Termine. Was aber, wenn ich kurzfristig kein Zimmer bekomme, noch dazu mit Hund. Denn das stand für mich fest – Nomi kommt mit. Ein Zelt – das könnte eine Lösung sein. Allerdings nur bei gutem Wetter. Bei Regen müsste ich eben suchen, bis ich etwas finde. Ich recherchiere im Internet. Schlagworte: Zelt – leicht aufbaubar. Diese Suchbegriffe gebe ich in die Suchmaske von Google ein. Mir werden mehrere Angebote gemacht. Dann finde ich MEIN Zelt. „All in One". Alles hängt zusammen: Außenzelt, Innenzelt, Gestänge. Nur die Heringe müssen extra in die Erde geschlagen werden. Ich sehe mir ein Video an. Perfekt. Aufspannen wie einen Regenschirm, dann die Gelenke der Carbonstangen auseinander klappen. Hinstellen. Heringe durch die Ösen. Fertig. Es geht weiter – im gleichen Shop – mit der Matratze. Ich erinnere mich an früher: 50-er Jahre: merkwürdige wackelige Luftmatratzen. 70-er/ 80-er Jahre: dünne Isomatten. Obwohl ich jung war, hatte ich morgens immer Rückenschmerzen. Wie soll es jetzt erst sein. Ich entdecke eine zusammenrollbare Matratze mit Füllung, die nach dem Entrollen Luft zieht und zusätzlich noch weiter aufgepumpt werden kann. Diese kommt zum Zelt in den digitalen Einkaufskorb. Dazu die Pumpe. Ein Stuhl – ein flacher Strandstuhl. Der passt ins Zelt und ist außerdem superbequem – fast wie eine Liege, wenn man die Beine ausstreckt. In den Einkaufskorb. Nun wird noch eine Folie empfohlen, die unter das Zelt gelegt wird, um dessen Gewebe zu schonen. Das ist absolut sinnvoll, gerade in steinigem Gelände. In den Einkaufskorb. Noch etwas? Nein, mein Schlafsack von ... von wann eigentlich? Jedenfalls ist er ok. Ich habe ihn entrollt. Daran gerochen, bin hineingekrochen. Alles gut. Fast ein Wunder. Also bestellte ich nach Eingabe meiner Daten kostenpflichtig, wie es so treffend im Internetshop heißt. Es ist Dienstag. Am Freitag kommt das Paket, in dem sich 3 Rollen befinden und ein flaches Päckchen: Zelt, Matratze, Stuhl, Schutzfolie. Ich hatte gerade gemütlich auf dem Sofa, halb liegend, Kaffee getrunken. Ich sehe mich um im Wohnzimmer und beschließe, hier das Zelt aufzubauen. Ich räume den Bereich frei und packe alles aus. Zuerst den Stuhl. Aus der Tasche nehmen, aufklappen, hinsetzen. Bequem. Der ist schon mal gut. Nun die Matratze. Aus der Tasche raus, Riemen ab, Ventil geöffnet. Es zischt, sie zieht Luft. Mit der Handpumpe gebe ich mehr Luft hinein, fühle die Festigkeit, bis ich zufrieden bin. Sie ist erstaunlich dick. Probeliegen. Ich bin erstaunt, wie bequem es ist, fast wie im Bett. Der Hund sieht sich etwas irritiert um. Springt auf mich drauf. Ehe Nomi es sich auf meinem Bauch bequem gemacht hat, stehe ich wieder auf. Nun das Zelt. Aus der Tasche raus. Gurt ab. Aufspannen. Ich schaffe es nicht. Es geht sehr schwer und ich habe Angst, etwas kaputt zu machen. Also der Griff zum Tablet: Der Name des Zeltes wird eingegeben und oben statt ALLE oder BILDER die Rubrik VIDEO gewählt. Schnell habe ich eines gefunden, in dem der Aufbau gut erklärt wird. Es war schon richtig, was ich gemacht habe. Aber wohl gerade zu Beginn ist es noch sehr schwer aufzuspannen. Also mehr Kraft aufwenden. Dann habe ich es geschafft. Schließlich die Gelenke der Stangen. Das Zelt steht. Die Heringe kommen im Wohnzimmer natürlich nicht zum Einsatz. Ich frage mich, wo es wohl sein wird, dass diese erstmalig verwendet werden. Die Matratze passt perfekt ins Zelt. Dieses ist für 2 Personen. Da sich nur eine Matratze im Zelt befindet, ist vorne Platz für das Hundekissen und auch den Stuhl. Zum Glück ist Nomi kein Bernhardiner. Und in der Mitte befindet sich der freie Platz für den Durchgang. Ich lege mich ins Zelt und fühle mich wohl und – glücklich. Mit Hilfe eines Leckerlis kommt Nomi zu mir ins Zelt, wenn auch noch skeptisch. Ich freue mich über meine Entscheidung. Mir kommt der letzte Sommer in den Sinn, in dem ich an zwei sehr heißen Tagen nach Fehmarn gefahren war und mich dort für eine Nacht in einem Hotel am Fährhafen eingemietet habe. Am Strand hatte ich überlegt, ob sich ein Zelt für mich lohnen würde.

Ich hatte es verneint. Nun habe ich eines und dazu eine Supermatratze.

Ich träume weiter. Am 17. April erstelle ich eine Collage aus Internet-Fotos: Sie zeigt ein blühendes Lavendelfeld, den Puy de Dôme, den Mont Ventoux, ein Restaurant unter Platanen, eine bunte Marktszene, eine römische Brücke. Das alles möchte ich sehen, erleben, spüren, riechen. Diese beiden Berge sind ein MUSS für mich. Alles andere auch – nur an welchem Ort dies sein wird, ist mir relativ egal. Ich werde allerdings ansonsten keine Orte oder Regionen besuchen, die ich schon kenne. Nicht die Vergangenheit interessiert mich, sondern das Neue.

Ich stelle mir vor, irgendwo in der Provence zu zelten. Morgens, das ist für mich klar, wird es Pain au chocolat geben. Bloß kein Aufwand. Ich möchte mich nicht mit irgendeinem Brotbelag beschäftigen. Was aber sein muss: viel Kaffee. Ich informiere mich im Internet. Es gibt kleine Gaskocher, Kaffeezubereiter, Becher. Ich möchte ein minimalistisches Gerät haben und finde es. Ein Mini-Esbitkocher, der wiederum in einen Edelstahltopf gepackt werden kann. Der Topf hat ein Volumen von etwa 400 ml. Mit einklappbaren beschichteten Griffen. Darin lässt sich das Wasser mit einer Tablette Esbit erhitzen. Kaffeepulver rein, umrühren und dann als Becher nutzen. Getestet wird der Kocher schon bald .

Draußen im Garten bei einer Freundin. Kaffee hat diese meistens nicht vorrätig, nur Tee. Wir sitzen am Tisch auf dem grünen Rasen, und ich koche mir meinen Kaffee selbst. Erstaunen und Begeisterung.

Während der vorbereitenden Überlegungen fällt mir plötzlich noch etwas wichtiges ein. Anfang des Jahres hatte ich im Anatomischen Institut des UKSH in Lübeck angefragt, wann die Gedenkfeier für die Körperspender stattfinden wird. Zur Erklärung: Mein Mann hatte seinen Körper für Forschung und Lehre dem Uniklinikum zur Verfügung gestellt. Einmal im Jahr gibt es eine Feier in der Kirche von Groß Grönau. Ich wollte natürlich unbedingt dabei sein. Sie wird in wesentlichen Teilen von Medizinstudierenden und verwandten Studiengängen gestaltet. Die Antwort: „Wir haben noch keinen Termin. Aber sie ist immer Ende Juni/Anfang Juli." Mitte April frage ich noch einmal nach. Nachdem ich den Namen genannt hatte: „In diesem Jahr auf keinen Fall. Vielleicht auch erst 2025".

Resümee

Zumindest tageweise verdiente der April den Zusatz Frühlingsmonat. Ich war aber mit meinen Überlegungen und Planungen gut beschäftigt. Die Unsicherheit zu Beginn ist wie weggeblasen. Ich habe keine Angst, ich bin im Gegenteil voller Vorfreude. Ich kann meine Tour de France schaffen, da bin ich mir ganz sicher. Am 3. Juni habe ich noch eine Einladung zu einer Geburtstagsfeier am Ostseestrand. Danach kann es losgehen. Am besten am Sonntag. Dann fährt es sich besser, denn Hamburg ist ein Nadelöhr. Und um Hannover befinden sich auch diverse Baustellen.

Nun mache ich mir noch Gedanken um Haus und Garten. Soll ich Hochbeete und Gewächshaus bepflanzen? Bei geplanten 3 Wochen wäre es gut, wenn jemand im Haus wäre und auch gelegentlich gießen würde. Ich frage einen alleinstehenden, in einer Stadt lebenden Freund, ob er Lust auf Urlaub in Schleswig-Holstein hätte - mit kleinen Gieß-Arbeiten. Er hat Lust und Zeit. Super. Nun ist alles geklärt. Meine Reiseplanung steht und besteht nur daraus, dass ich am ersten Tag, vermutlich dem 4. oder 11. Juni, irgendwo in Südhessen übernachten möchte. Am zweiten Tag im Burgund. Mein Ziel ist schließlich Frankreich, insbesondere der schwer erreichbare Süden. Am Todestag meines Mannes und den Tagen drumherum möchte ich mich auf und um den Mont Ventoux herum befinden. Dieser mystische Berg der Provence hatte es uns beiden angetan. Wir freuten uns immer, wenn während der Tour de France der Radrennfahrer, die wir jahrelang am Fernseher verfolgten, der Mont Ventoux ein Etappenziel war. Er soll auch ein Ziel meiner ganz persönlichen Tour de France werden.

Die Reise ist in Gefahr

Ein langes Wochenende um den 1. Mai. Endlich frühlingshaftes Wetter. Ich mache mit Nomi eine 2-stündige Wanderung. Überall sehe ich das frische Grün – am Boden, in den Bäumen. Die Wildkirschen blühen. Für mich ist es fast die schönste Zeit des Jahres. Es geht den Wallberg hinunter, an Teichen vorbei und im Wald schließlich wieder bergauf. Zwischendurch habe ich ein älteres Ehepaar getroffen, das ich gut kenne. Ich erzähle von meinen Plänen. „Toll, wir waren mal in Apt im Vaucluse. Sehr schön dort." Zurück auf dem welligen Weg – auf und ab – gesäumt von Knicks. Ich liebe diese Landschaft und bin beglückt. Abends sind die Füße müde. Am nächsten Morgen – ich erwarte Besuch am Feiertag – kann ich rechts vor Schmerzen kaum auftreten. Zerrung oder ähnliches? Was kommt, geht auch wieder. Das stimmt leider nicht immer.

Eine Woche später beim Orthopäden: „Marschfraktur im Mittelfuß". Kann ich meine Tour machen? Der Schmerz bestimmt, ob und wieviel ich gehe. Eine verordnete harte Einlegesohle verhindert das Abrollen. Weitere Untersuchungen bestätigen die Diagnose und zeigen außerdem, dass ich Osteoporose habe. Dabei nehme ich während des Winters Vitamin D-Tabletten und trinke seit Jahren bewusst calciumhaltiges Mineralwasser. Es ist, wie es ist. Schmerzmittel nehme ich nicht. Der Fuß schwillt während des Tages stark an. Ich gehe ziemlich behindert und langsam. Aber ich kann gehen. Auch das Autofahren ist kein Problem. Das ist doch schon mal was. Wie lange dauert das? 6-8 Wochen. Bei Schonung des Fußes heilt es schneller. Viel schonen kann ich den Fuß nicht, lege ihn aber hoch, sooft es möglich ist. Ich habe zu tun. Die Beete sowie das Gewächshaus werden bepflanzt. Auch mit dem Hund mache ich natürlich mehrmals täglich kleine Spaziergänge.

Fast zeitgleich kommt eine Einladung des Hospizes, in dem mein Mann seine letzten 10 Tage verbrachte, zu einer Erinnerungsfeier. Am Samstag, den 10. Juni um 11 Uhr. Natürlich möchte ich dabei sein. Dann fahre ich eben eine Woche später los, nicht am 4., sondern am Sonntag, den 11. Juni. Der Vorteil ist, dass mein Fuß dann schon etwas weiter geheilt ist. Immer positiv denken, sage ich mir.

Ich treffe weiter meine Reisevorbereitungen. Dazu gehört aber auch die Bereitstellung von Regenwasser in Tonnen auf meinem großen Grundstück. Zum Gießen. Ich habe Tomaten ins Gewächshaus gepflanzt, denn Bernd wird sie pflegen.

Ende der 1990-er habe ich eine digitale Reiseliste angelegt. Immer wieder aufzuschreiben, was man mitnehmen muss, erschien mir sehr unproduktiv und Zeitverschwendung. Im Laufe der Jahre wurde diese geändert und ergänzt. So wurde irgendwann das Thema CD gelöscht sowie die Digitalkamera. Stattdessen kamen Medikamente oder Hilfsmittel dazu. Powerbanks, Ladegeräte, Passwörter. Zu den üblichen Dingen, die auf jeder Reise benötigt werden, kamen spezielle Ergänzungen wie – Wohnwagen, Ferienhaus, mit Fahrrad. Jetzt ergänzte ich: Mit Zelt und Hund.

Ich lade mir noch eine Reisetagebuch-App auf mein Smartphone herunter. Diese habe ich durch Bekannte kennen gelernt. Das schöne ist, man kann sich hinterher ein Fotobuch machen lassen. Und die gefahrene Strecke wird auch angezeigt sowie alle geschriebenen Texte.

Dann der Schock: Mitte Mai erhalte ich einen Brief vom Anatomischen Institut: Der Gedenkgottesdienst wird am 1. Juli stattfinden. Ich sehe in meinen Kalender. Dieser Termin findet exakt 3 Wochen nach der Erinnerungsfeier des Hospizes statt. Ich schlucke den aufkommenden Ärger herunter. Es ist, wie es ist. Und beschließe, dass ich unmittelbar nach der Feier des Hospizes meine Reise beginnen werde. Am Samstag – ausgerechnet. Zurückkommen werde ich entweder am Freitag oder, wenn der Verkehr zu schlimm ist, erst am Samstag. Dann geht es direkt zur Feier. So soll es sein. Meine Tour de France – eingerahmt von zwei Gedenkfeiern für meinen Mann. Ich bin sicher, das würde ihm gefallen. In den letzten Jahren, als er nicht mehr so gut zu Fuß war und ich manchmal kleine Touren machen wollte, sagte er einfach: MACH DOCH. Und ich machte - kleine Touren allein. So wie jetzt im Frühsommer 2023. Nur, dass dies eine große Tour werden wird. Er wird in Gedanken bei mir sein.

Es geht los

Der Housekeeper ist da. Die letzten Tage lebte ich mit Bernd in einer kleinen Wohngemeinschaft. Es lief besser, als ich befürchtete. Obwohl ich eine sogenannte 68-erin bin, habe ich keinerlei WG-Erfahrung. Das war nie mein Ding. Nun aber, mit 74 Jahren. Immer schön flexibel bleiben, sagte ich mir. Er wurde in alles eingewiesen.

Am Freitag habe ich den Wagen gepackt. Vorher der Check der 3 Knöpfe über den Vordersitzen: Info, Werkstatt, SOS. Alles in Ordnung. SOS kann ich natürlich nicht ausprobieren. Dazu müsste es einen Crash geben. Der Wagen ist vernetzt. Ich zahle jährlich für diese Art der Sicherheit einen relativ kleinen Betrag. Der Wagen ist gewaschen und vollgetankt. Die Reise-Tagebuch-App ist eingerichtet. Den Link zu meinem Tagebuch habe ich an Freunde und Bekannte geschickt. Sie können meine Reise verfolgen, wenn sie es wollen. So ist dann auch bekannt, wo ich mich aufhalte. Aber das weiß das Auto auch sowie mein Smartphone. Es ist eben nicht nur schlecht, wenn technische Geräte meinen Standort kennen. Ich finde, zu viele Menschen haben in der Hinsicht unnötige Ängste.

Tag 1 - Nordhessen ist auch schön

Samstag, 10.06.23

Um 10:15 Uhr macht Nomi HOPP und sitzt auf der Rückbank. Zum Glück liebt sie das Autofahren. Ich schließe sie an ihren Sicherheitsgurt an. Bernd macht ein Foto. Wer nicht wüsste, wohin ich vor der eigentlichen Reise noch wollte, würde sich sicherlich über mein Outfit wundern. Es ist warm. Das Hospiz befindet sich am Ortsrand von Bad Oldesloe. Da ich früh bin, mache ich noch einen kleinen Gang mit dem Hund. Danach lasse ich eine Scheibe ganz geöffnet, denn das Auto steht in der prallen Sonne. Ich betrete das Hospiz von der schönen Terrasse aus. Es blüht überall, Hummeln und Bienen summen – eine friedliche, freundliche Atmosphäre. So habe ich das Hospiz bereits vor 2 Jahren mit meinem Mann zusammen beim Kennenlernen erlebt. Und im letzten Jahr während seiner letzten Tage. Immer war Sommer mit Sonne, Blüten, Insekten und den überaus freundlichen Menschen. Vor der Feier gehe ich noch einmal herum und sehe mir den „Marktplatz" im Gebäude noch einmal an. Hier kann man gemütlich sitzen, Kaffee trinken und sich unterhalten. Trotz des Todes, der hier alltäglich ist und für mich vor knapp 1 Jahr eine Tatsache war, herrscht hier eine lebensbejahende, fast fröhliche Stimmung. Trauer und Lebensfreude. Es schließt sich nicht aus. Nach der sehr ansprechenden Feier werden die Anwesenden zu einem kleinen Büffet eingeladen. Es ist Zeit für mich, Abschied zu nehmen von diesem wunderbaren Ort, mit dem ich so viel Zuwendung verbinde.

Um 12 Uhr starte ich den Motor und MEINE Tour de France beginnt. Richtung Norden starker Verkehr. Bei mir läuft es – bis Hamburg. Das hatte ich befürchtet. Stau. Ich werde von der Autobahn abgeleitet. Ich darf mal wieder eine Runde durch

Georgswerder und Wilhelmsburg fahren. Es sind nicht gerade die schönsten Ecken Hamburgs, durch die ich geleitet werde. Bei Stillhorn geht es wieder auf die Autobahn. Stopp and Go. Es ist nicht angenehm, aber ich bleibe gelassen. Ich kann es nicht ändern. Und ich lerne die oft im Radio geforderte Rettungsgasse kennen. Daran, dass ich sie noch nie bewusst mitgestaltet habe, ist mein Fahrverhalten der letzten Jahre zu erkennen. Wenn ich auf Autobahnen fuhr, dann fast nur in meinem Umfeld. Außerdem wurden Staus natürlich umfahren. Die Autobahn Richtung Ostsee am Wochenende im Sommer „gehört" sowieso den Hamburgern. Dann rollt es wieder, aber bei Bispingen geht es wieder runter und durch die Dörfer. An einer Waldeinfahrt gibt es eine kurze Rast für uns beide. Das immerhin ist angenehm. Beide trinken wir Wasser, aber nicht aus dem gleichen Napf. In das Navi hatte ich irgendeinen Ort nahe der A7 in Südhessen, in dem sich mehrere Gasthöfe befinden, eingegeben. Die mögliche Ankunftszeit verschiebt sich immer weiter in den Abend. Bei Hannover fahre ich schließlich auf einen Parkplatz. Zum Glück habe ich Empfang auf dem Smartphone. Das ist nicht selbstverständlich. Mit Grausen erinnere ich an den Versuch vor wenigen Jahren, vom Zug aus meinen Mann zu erreichen, um ihm mitzuteilen, dass mein Zug Verspätung haben wird. Wir hatten gemeinsam nur ein Auto. Er wollte mich abholen und kannte natürlich meine Ankunftszeit.

Bei Google Maps sehe ich meinen Standort. Ich suche südlich von Kassel entlang der A7 nach Übernachtungsmöglichkeiten. Es gibt einen Landgasthof. Dort rufe ich an und frage nach einem Zimmer heute, für eine Nacht, mit kleinem Hund. „Wie viele Personen sind sie denn?" „Eine". „Da haben sie aber Glück. Ich habe nur noch ein Einzelzimmer. Wann werden sie etwa ankommen?" „Etwa 17:30 – 18:00 Uhr. Oder später. Dann würde ich mich wieder melden". Ich bin sehr froh, dass ich auf Anhieb ein Bett gefunden habe. Nahe der Autobahn, aber immerhin in einem nordhessischen Dorf. Ich sehe gleich die typischen Fachwerkhäuser vor mir. Das Ziel wird in das Navi von Google Maps eingegeben. Manchmal ist dieses sinnvoller, da die Verkehrsmeldungen aktueller sind. Die Abfahrt wird wohl Melsungen sein, wenn ich es richtig erkenne. Beschwingt geht es weiter. Immer wieder kleine Staus. Kein schönes Fahren. Nomi schläft. Gelegentlich strecke ich den Arm nach hinten aus. Sie leckt meine Hand, was auf uns beide eine beruhigende Wirkung hat. Dann sehe ich an einer Steigung vor mir einen Riesenstau. Gerade noch rechtzeitig werde ich auf die Ausfahrt Guxhagen (eine Abfahrt vor Melsungen) geleitet. Puh, das ging gerade nochmal gut. Das war knapp. Neben mir befand sich schon die gut gefüllte Spur . Netterweise ließ man mich mit in diese Schlange. Etwa 7 km geht es über Land. Das tut so gut nach der langen Fahrt auf der Autobahn. Der Weg führt mich durch eine grüne hügelige Landschaft. Es geht durch mehrere Dörfer, in denen natürlich hübsche Fachwerkhäuser stehen. Schließlich befinde ich mich in Hessen. Die Anspannung der letzten Stunden ist schlagartig weg. Ich liebe es durch grüne ruhige Landschaften zu fahren. Gegen 18 Uhr erreiche ich den Landgasthof. Ein Parkplatz für mich ist frei. Daneben steht ein Wagen mit dem gleichen Kennzeichen. Woher die wohl kommen? Wir werden freundlich empfangen. Nomi erhält gleich eine Schale mit Wasser. Ich bringe den kleinen Koffer nach oben. In meiner Mini-Umhängetasche, die ich praktisch nie ablege, befinden sich Notfallinfos zu meiner Person, das unverzichtbare Smartphone sowie die Autoschlüssel. Ein Stückchen Papier, ein kleiner Stift, Hundebeutel und 20 € ergänzen den Inhalt.

Dann machen wir erst einmal einen kleinen Spaziergang. Vorher sehe ich in meiner Geocaching App nach, ob hier ein Cache versteckt ist. Und tatsächlich finde ich einen in der Nähe. Die Satellitenansicht zeigt mir, dass es ein schöner Feldweg ist. Ich gehe am Stock, da ich mich so etwas besser und sicherer bewegen kann. Erst wenn man es nicht mehr kann, merkt man wie wichtig das Fußabrollen für einen flüssigen Gang ist. Davon bin ich noch weit entfernt. Schmerzen habe ich aber nicht. Es ist hier so, wie ich es mir vorgestellt hatte. Fachwerkhäuser, Schieferdächer. Hinten, oben am Berg, sehe ich den Stau auf der Autobahn. Vielleicht gab es einen Unfall. Mir kann die Ursache egal sein. Mich interessiert, was Ist. Ich bin froh, hier im friedlichen Dorf auf einem Feldweg zu sein. Auch Nomi schnüffelt eifrig herum. Hessische Gerüche. Ob sie wohl anders sind als zuhause? Der Cache wurde gefunden und 2-fach geloggt: Analog vor Ort und digital in der App. Ich mache das gerne – Geocaching, die digitale Schnitzeljagd. So hat man ein Ziel. Und etwas zu finden ist ein kleines Erfolgserlebnis.

Danach geht es zum Essen in den gemütlichen Biergarten. Bier und Essen. Ich genieße alles. Später  setze ich mich nach vorne und gönne mir noch ein zweites Bier. Am Nebentisch 2 Paare. Irgendwie kommen wir ins Gespräch. Ich glaube, Nomi war der Auslöser. Wir werden an den Tisch gebeten. „Woher kommen Sie?" „Aus Zarpen" „Aus Groß Grönau". Ich fasse es nicht. Zarpen ist das Nachbardorf unterhalb des Wallberges. Und nach Groß Grönau werde ich am 1. Juli zum Gedenkgottesdienst fahren. Ich erkläre meine Überraschung und diese Zufälle kurz. Dann sprechen wir über unsere Reisepläne. Die Vier wollen ins Allgäu

und in Rotenburg ob der Tauber eine Zwischensta-
tion einlegen. Das habe ich auch noch auf dem „Zettel", sage ich. Diesmal geht es aber allein um Frankreich. Deutschland ist in diesem speziellen Fall nur
Transitland für mich.

Tag 2 – Lothringen statt Burgund

Sonntag, 11.6.23

Am nächsten Morgen wache ich gut erholt auf.
Zuerst der Hund. Wir gehen runter und sind nach
ein paar Schritten im Grünen. Nomi ist an der langen Leine. Auf einer Wiese kann sie etwas laufen
und schnüffeln. Sie wird wieder viele Stunden im
Auto verbringen müssen. Zurück geht es zum Frühstück. Oben im Zimmer frühstückt der Hund, unten
ich. Es gibt zwar kein Büffet, aber ich bekomme eine
gute Auswahl zu essen. Da Sonntag ist, gibt es wie
zuhause auch ein Frühstücksei. Drei Tassen Kaffee

bringen meinen Kreislauf in Gang. Nachdem ich eingepackt hatte, ging es ans Bezahlen. Oh, nur Barzahlung. Das ältere Wirtsleute-Paar erzählt, dass ein neues Kartengerät etwa 3000 € kosten würde. Das würde sich für sie nicht mehr lohnen. Viel Bargeld habe ich nicht mitgenommen. Im Koffer habe ich noch einige Scheine. Also zum Auto, Koffer öffnen. Nachdem ich von dort Nachschub geholt und bezahlt habe, kann es weiter gehen.

Mit dem Routenplaner von Google Maps habe ich gestern Abend Entfernungen und Fahrtzeiten nach Frankreich gecheckt. Ich entscheide mich für Lothringen. Als Ziel gebe ich Nancy ins Auto-Navi ein. Ich erlaube dem Navi auch ausdrücklich mautpflichtige Straßen. Davon gibt es in Frankreich einige. Und im Gegensatz zu früher, als wir noch jede Mark zweimal umdrehen mussten, kann ich mir die Kosten inzwischen leisten. Außerdem ist es auf den Bezahl-Autobahnen nicht ganz so voll. Nancy, die ehemalige Hauptstadt Lothringens. Eine alte Stadt des Barocks und Jugendstils. Ob ich aber tatsächlich in die Stadt hineinfahre? – das weiß ich am Morgen noch nicht. Alles kann, nichts muss. Aber die Richtung stimmt. Die jetzige Hauptstadt, Metz, habe ich bereits mit meinem Mann vor Jahren an 3 Tagen kennen gelernt. Bis auf wenige Ausnahmen gilt auf dieser Reise: Keine Wiederholungen.

Es ist ein sonniger, ruhiger Sonntagmorgen. Ich fahre erneut durch die hügelige grüne Landschaft. In Melsungen geht es wieder auf die A7. Richtung Frankfurt. Zunächst bin ich fast allein unterwegs. Je näher ich Frankfurt komme, desto mehr füllt sich die Autobahn. Aber der Verkehr fließt. Es ist kein Vergleich zu gestern. Taunusblick - eine kurze Unterbrechung. Ich kann den Taunus leider nicht sehen. Egal, der kann und muss auf mich warten. Irgendwann habe ich vor, mir diese Gegend – außer Frankfurt – genauer anzusehen.

Es geht Richtung Saarland und schließlich über die Grenze. Im Gegensatz zur dänischen Grenze hätte ich die französische fast übersehen. Mein Navi zeigt mir die erlaubten Geschwindigkeiten in Frankreich an. Maximal 130 km/h auf Autobahnen. Ich stelle einen französischen Sender ein. Dank des Spurhalteassistenten kann ich den Blick und die Hand kurz abwenden. Der aktive Assistent zeigt GRÜN. Er hat also das Signal der Straßenmarkierungen aufgenommen. Auch die Kurven werden ohne mein Zutun souverän gefahren. Beim Spurwechsel muss ein wenig Kraft aufgewendet werden, um diese verlassen zu können. Ein gutes Gefühl. Und ein gutes Gefühl ist es, französische Musik zu hören. In meinem Sender abwechselnd Französisch und Englisch. Die Schilder, Werbetafeln – französisch. Ich bin angekommen. Nun beginnt sie wirklich –

meine Tour de France. Zugegeben, die Orte sehen trist aus. Sie sind keine Schönheiten. Ich befinde mich noch auf einer kleinen Straße, fahre durch Dörfer. Und immer wieder muss ich direkt am Ortsschild mit der Geschwindigkeit auf 30 km/h runterregeln. In jedem Dorf sind Bodenschwellen verbaut. Es empfiehlt sich, dort nicht mit mehr als den erlaubten 30 km/h drüber zu fahren. Einmal war ich zu schnell. Nahe 40. Es rumste ziemlich, was mich zur Disziplin mahnte. Ja, man muss sich eingewöhnen. Dann ging es auf eine Nationalstraße mit Tempo 90 km/h. Kreisverkehre – einer nach dem anderen. Kreuzungen an großen Straßen sind in Frankreich nahezu unbekannt. Zwischendurch machte ich Rast in einem Wald. Dort finden wir Schatten, denn es ist schon ziemlich warm. Durchatmen und sich etwas bewegen. Ich muss nicht nur an mich, auch an Nomi denken. Aber der Hund ist entspannt und schläft wahrscheinlich die meiste Zeit auf der Rückbank. Wir machen einen kleinen Spaziergang. Es ist fast wie zuhause, schließlich wohnen wir am Waldrand. Mit neuer Kraft geht es wieder weiter - auf eine Autobahn. Ich entschließe mich, da ich gut vorankomme, einen Abstecher in die Stadt Nancy zu machen. Ein Kaffee wäre gut, ein Stückchen Kuchen dazu. Und die Überlegung, wo werde ich übernachten. Im Navi steht Nancy, Zentrum. Das Kartenmaterial meines Navis ist nicht aktuell, aber es findet den richtigen Weg. Es ist inzwischen sehr heiß: 29°C. Vor mir ein kleiner Triumphbogen – ähnlich wie in Paris. Und ein großer

Parkplatz mit Baumbestand. Ich suche, finde die Einfahrt und schließlich auch einen freien Platz. Sogar kostenlos. Erst einmal ein Blick in Google Maps auf dem Smartphone: Wo bin ich? Am blauen Punkt. Ich bewege mich in Richtung Place Stanislas, eine der Sehenswürdigkeiten. Barock, Jugendstil. Sonntagsnachmittagsgewimmel in der Altstadt. Die Stadt ist tatsächlich sehenswert. Aber ich beschränke mich auf den kurzen Eindruck. Das Gehen fällt mir etwas schwer. Kurz verfluche ich meinen kaputten Fuß. Ich suche mir ein Café. Nun spreche ich zum ersten Mal nach 11 Jahren wieder Französisch. Ich bestelle ein Stück Erdbeerkuchen und einen Kaffee. Grand. Ich lerne allongé oder américan. Ich erinnere mich – café américan. Dieser kommt unserem deutschen Filterkaffee am nächsten – was die Stärke und die Menge betrifft. Dabei ist es einfach ein Espresso, der mit Wasser verdünnt wird. Nomi hatte ihr Getränk – Wasser - schon am Wagen bekommen. Im Park hatte sie auf dem Rasen das Geschäftliche erledigt. Direkt neben einem Abfallbehälter. Selbstverständlich hatte sie dies alles im Blick. Sie ist eben sehr rücksichtsvoll. Nun liegt sie dösend unter dem Tisch. Auch ich habe hier Schatten. Das ist nicht nur gut für den Körper, sondern auch für die

Sichtbarkeit des Displays meines Smartphones. Dieses ist wegen des sonnigen Wetters schon dauerhaft auf die größte Helligkeit gestellt. Der Nachteil ist ein höherer Stromverbrauch. Aber ich kann das Gerät während der Fahrt im Auto bequem aufladen. Schon am Morgen, während ich den letzten Kaffee trank, hatte ich bei Google Maps nachgesehen, was es in der Nähe von Nancy Sehenswertes gibt. Natürlich die Vogesen. Aber Wanderungen fallen wegen meines Fußes definitiv aus. Interessant: Zwei Orte, deren Mineralwässer mir geläufig sind: Contrexéville und Vittel. Zwischendurch ein Blick in die Wetter-App. Da der Standort aktiviert ist, sehe ich direkt das Wetter von Nancy. Es bleibt in den nächsten Tagen sonnig und warm.

Ich entschließe mich, zu zelten und mache mich auf die Suche nach einem Campingplatz in der Nähe dieser Orte. Ich werde fündig und stelle schon einmal die Route auf dem Smartphone ein. Es sind etwa 80 km bis zum „Tor der Vogesen". Zurück zum Auto. Das Smartphone wird in die Halterung gesteckt, die ich erst im Frühjahr gekauft habe. Gerade Campingplätze haben oftmals keine richtige Adresse und werden manchmal schlecht gefunden. Sonderziele vielleicht? Ich könnte auch die Koordinaten nehmen. Aber warum Umwege, wenn ich direkt das Smartphone verwenden kann. Außerdem ist das Google-Navigationssystem immer aktueller als die herkömmlichen im Auto. Ich verbinde es über Bluetooth mit dem Lautsprecher der Medienanlage im Auto. Außerdem wird es über den 12V-Stecker mit USB-Anschluss gleichzeitig geladen. Dann starte ich voller Vorfreude in Richtung meiner ersten Übernachtung in Frankreich. Ich habe mich kurz verfahren, werde aber wieder auf den richtigen Weg gebracht. Kurz denke ich darüber nach, wie schwierig es wäre, allein zu fahren ohne die Navi-Unterstützung. Es ist zwar möglich, aber wäre unglaublich anstrengend. Ich würde mir das nicht antun wollen.

Am Campingplatz angekommen werde ich gefragt, ob ich reserviert habe. Nein. Ich habe ein Zelt. Man sagt mir, ich solle mir einen Platz suchen und in der Rezeption die Nummer nennen. Bald habe ich dies erledigt. Nicht allzu weit vom Sanitärgebäude entfernt. Ich fahre nach der Anmeldung mit dem Wagen dorthin. Als erstes kommt Nomi an die lange Leine. Den Erdanker kann ich leider nicht verwenden. Zu steinig der Untergrund. Ich befestige das Ende an den Felgen. Und denke dabei, dass ich sie hoffentlich nicht vergessen werde, wenn ich mit dem Auto losfahre. Mir fallen Geschichten ein, dass Kinder – angeblich – von ihren Eltern an Raststätten vergessen wurden. Ich stelle Wasser dazu und Futter. Dann packe ich Zelt, Folie, Matratze, Schlafsack und Stuhl aus. Ich werde das Zelt zum zweiten Mal aufbauen. Mein ursprünglicher Plan, Mitte Mai mindestens 1 Nacht an der Ostsee zu zelten, ging nicht auf: Wetter und Fuß hinderten mich daran. Der Aufbau geht aber erstaunlich gut. Nun weiß ich auch, dass das Aufspannen des Zeltes etwas Kraft erfordert. Ich bin von Wohnmobilen aus den Niederlanden umgeben. Eine schöne Abwechslung für die Anwesenden, mal jemanden beim Zeltaufbau zu beobachten. Die Matratze noch aufpumpen, ins Zelt legen, Schlafsack drauf - fertig ist das Bett. Jetzt noch den Stuhl aufklappen. Ich setze mich kurz mit einer Flasche Wasser hin. Nun bin ich angekommen. Mich überkommt ein starkes Glücksgefühl. Ich habe es geschafft. Ich bin in Frankreich. Ich habe mich eingerichtet für den Tag und die Nacht.

Später mache ich mit Nomi einen kleinen Gang zum eingezäunten Waldrand, der sich in unmittelbarer Nähe befindet. Wir gehen auf Gras, was erwiesenermaßen dazu führt, ihre Darmtätigkeit anzuregen. Tüten habe ich immer dabei – in allen Hosen-, Jacken- und Handtaschen sowie im Rucksack. Nachdem der Hund ver- und entsorgt ist, bin ich dran. Ich lasse sie an der langen Leine zurück beim Zelt. Das ist ihr Job – Haus und Hof bewachen. Nun eben Zelt und Auto. Es gibt ein kleines Bistro mit einer Terrasse auf dem Platz. Quiche Lorraine – die gibt es leider nicht. Schade, gerne hätte ich diese lothringische Spezialität gegessen. Also bestelle ich einen Burger und ein Bier. Gleichzeitig werden für den Morgen Pain au chocolat und Pain aux raisins geordert. Ich genieße meine Mahlzeit, auch wenn sie nicht gerade typisch französisch ist, mit Blick auf die Vogesen.

Als ich zurückkomme, liegt Nomi entspannt, aber alles beobachtend, neben dem Stuhl. Ich bin beruhigt, dass sie sich so verhält und nicht jammert oder bellt, während ich weg bin. Nun wird Tagebuch geschrieben, und es werden Fotos hochgeladen. Dazu wird ein Footprint erstellt, der den Standort speichert, aber auch die Höhe und Temperatur zu diesem Zeitpunkt abruft. Dann ist es Zeit für mich, zu lesen. Ich habe einen neuen E-Book-Reader — mit Beleuchtung. Später gehe ich mitsamt Stuhl ins Zelt und lese dort weiter. Ein letzter Gang. Dann kommt auch Nomi ins Zelt in ihr „Bett". Ich schalte meine kleine Akku-Lampe aus. Gute Nacht.

Tag 2 – Die Städte des Wassers

Montag, 12.6.23

Ich habe in der ersten Nacht im Zelt gut geschlafen. Und ich bin angenehm überrascht: Keine Rückenschmerzen. Nichts. Das war meine größte Befürchtung. Früher war das Liegen im Zelt eine Qual. Gummi-Luftmatratzen, später Isomatten. Entweder man kullerte herum oder lag hart. Morgens mit Schmerzen und völlig verspannt aufzuwachen gehörte zum Camping dazu. Deswegen hatte ich irgendwann auch keine Lust mehr dazu. Regenwetter und Zelt – das passte ebenfalls nicht zusammen.

Aber ich habe mir auf dieser Reise vorgenommen, nur bei trockenem Wetter zu zelten. Ansonsten soll ein Hotel gesucht werden. Das gute ist, dass ich die Wetter-App habe, die zumindest kurzfristig meist korrekte Vorhersagen macht. Vielleicht wird auch die Route von der Wettervorhersage beeinflusst werden.

Nomi kommt zu mir und leckt meine Hand. Wir kuscheln ein wenig. Wie jeden Morgen. Das gehört zu unserem Ritual. Normalerweise aber nicht im Bett. Hier im Zelt befinden wir uns auf Augenhöhe, gewissermaßen beide in einem Kingsize Bett. Das Aufstehen und Verlassen des Zeltes ist problematisch. Das liegt aber allein daran, dass ich mit dem rechten Fuß nicht abrollen kann und ich gebeugt aus der Öffnung krabbeln muss. Was aber auch in gesundem Zustand nicht so einfach möglich wäre. Denn die Öffnung liegt nicht ebenerdig, sondern befindet sich in etwa 10 cm Höhe. Ich vermute einmal, das gilt dem Schutz vor Regenwasser. Außerdem kann ich nicht stehen. In gebeugter Haltung, am Stock abstützend, den rechten Fuß nicht beugen können, hangele ich mich irgendwie aus knieender Haltung aus dem Zelt. Dann in die Senkrechte — nun bin ich wieder eine halbwegs fitte Frau. Mir geht durch den Kopf — wer mich beobachtet hat, dachte vielleicht: „Mein Gott, warum tut die alte Frau sich so etwas an." Es sieht sicher schlimmer aus als es tatsächlich ist. Der Karabinerhaken der langen Leine liegt griffbereit vor dem Zelt. Also erst einmal ein kleiner Gang mit dem Hund.

Nach der Morgentoilette von Nomi und mir hole ich mein Frühstück und Wasser in meinem kleinen Topf. Nun kommt der Kocher zum Einsatz. Ich suche wegen der Trockenheit eine sandige Stelle. In der Zwischenzeit bekommt meine geduldige Begleiterin ihr Futter. Da die Sonne scheint, hänge ich das kleine Solarpaneel, das auch hinten am Rucksack befestigt werden könnte, ans Zelt. Die Powerbank, die schon etwas geleert wurde für das Smartphone, die Hörgeräte sowie meine Smart-Watch, hänge ich zum Aufladen dran. Die Frage nach Électicité an der Reception hatte ich verneint. Stuhl raus aus dem Zelt, die beiden Gebäckteilchen auf den Teller, Kaffeepulver in das heiße Wasser gerührt: Et voilà — fertig ist mein erstes französisches Frühstück. Draußen in der milden Luft. Die Sonne scheint. Im Hintergrund die Bergkulisse. Es schmeckt mir und ich genieße die entspannte Zeit. Natürlich handelt es sich letztlich um Kuchen, was ich esse. Aber ich habe keine Lust auf irgendeinen Aufwand, auch nicht, was die Lagerung betrifft. Ich verschicke ein paar Nachrichten. Dann geht es an meine Tagesplanung. Zunächst der Blick in die Wetter-App: Sonne. In der Nähe, etwa 15 Minuten Fahrtzeit, befindet sich die Kleinstadt Vittel. Vittel — bekannt für sein

Mineralwasser. Ich recherchiere im Internet und lese: In Deutschland kann man es nicht mehr kaufen. Die Bevölkerung hier hat sich gegen den mächtigen Nestlé-Konzern gewehrt, der massenhaft Wasser abpumpte, abfüllte und in alle Welt verkaufte. Wie nicht anders zu erwarten, sank der Grundwasserspiegel. Zumindest erreichte man einen Teilerfolg. Ich wechsle in die App Google Maps. Wie in Deutschland auch, gibt es an Quellen mit Mineralwasser einen „Kurpark". Ich tippe einen Parkplatz an und gehe in den Routenmodus. Natürlich von meinem Standort aus. Ich bin gerne am Vormittag unterwegs, wenn es noch nicht so heiß aber auch nicht überfüllt ist. Das Smartphone stecke ich in die Halterung. Nomi und die lange Leine befreie ich vom Auto. Hopp. Drin ist sie auf ihrem Platz. Ich schließe ihren Sicherheitsgurt und, als ich sitze, auch meinen. Ich tippe auf STARTEN. Langsam fahre ich bis zum Ausgang des Platzes und lasse mich leiten. Es ist nicht weit. 10-15 Minuten etwa. Der kostenlose Parkplatz ist noch nicht sehr gefüllt. Und, wie mir die Satellitenansicht zeigte, mit Bäumen zwischen den Reihen bepflanzt. Ich finde einen Schattenplatz. Ein Blick in die Geocaching-App: es gibt einen Cache in der Nähe. Da der Weg dahin immer als Luftlinie angezeigt wird und es hier viele verschlungene Wege gibt, wodurch ich ständig nachsehen müsste, wie ich gehen muss, wechsele ich die Apps. Ich merke mir den Ort und tippe ihn im Routen-Modus der Google Maps-App an. Dann noch Fußgänger wählen – und schon höre ich mit meinen Hörgeräten, wie ich gehen muss. Nomi wird heute chic gemacht. Sie bekommt ihr pinkes Outfit angezogen. Wir gehen gemütlich durch den Park, genießen die Ruhe, die Pflanzen. Die Rosen blühen. Ich sehe exotische Bäume. Nomi hat fremde Gerüche in der Nase. Auch Hunden tut Abwechslung offensichtlich gut, zumindest wenn ihr Mensch bei ihnen ist. Ich setze mich zwischendurch auf eine Bank. Heute in meinen langen Leinenrock und natürlich den bequemen Schuhen mit Einlagen: die eine mit meinem Fußabdruck, die andere fest und starr. Ich falle hier nicht auf. Alte Frau mit klei-

nem Hund in Pink im Parc Thermal von Vittel. Passt. Nur - sollte mich jemand beobachtet haben, wie ich eine kleine magnetische Dose von einem Schild nehme, öffne, einen Papierstreifen entnehme, etwas draufschreibe und alles wieder zurück an seinen Platz bringe – das könnte irritieren. Auf der Bank ausruhend – es ist ziemlich anstrengend zu gehen – logge ich noch in der App. Langsam werde ich hungrig. Ich finde mit Hilfe des Smartphones ein Restaurant in der Nähe des Parkplatzes. Außerdem auf dem Weg dorthin ein hübsches, altes, sauberes Toilettenhäuschen. Der Parkplatz ist gut ausgeschildert. Schließlich stehe ich dort und suche das Auto. Irgendwie sieht es hier etwas anders aus. Es gibt mehr als einen Parkplatz am Kurpark. Ich befinde mich offensichtlich am falschen Ort. Herumirren und suchen? Es ist inzwischen sehr warm, genauer: heiß. Da fällt mir ein. Der Wagen ist vernetzt. Im Falle eines Unfalls, bei dem der Airbag ausgelöst wird, würde automatisch ein Notruf abgesetzt werden. Mit den 3 Knöpfen über den Sitzen lässt sich Kontakt zu einer Werkstatt, einem Callcenter oder zum örtlichen Notfallcenter herstellen. Vor der Abfahrt zuhause hatte ich die Auto-App wieder aktiviert. Das Passwort habe ich sogar zur Sicherheit dabei, falls es notwendig sein sollte. Damit könnte ich aus der Distanz das Auto abschließen, wenn ich Zweifel hätte, ob dies getan wurde. Nachsehen, für wie viele Kilometer etwa das Benzin noch reicht. Oder – und das mache ich jetzt – fragen, wo es sich aufhält. 100 m Luftlinie entfernt. Ich sehe es auf der Karte. Ich könnte es auch hupen lassen. Ein kleinerer Parkplatz direkt neben dem, auf dem ich mich befinde. Ich muss allerdings einen Bogen gehen. Dann bin ich am Auto. Ich gebe Nomi zu trinken. Danach kommt sie ins Auto, das noch immer im Schatten steht. Ich öffne das vom Weg abgewandte Fenster. Die Wertsachen habe ich bei mir. Das Restaurant befindet sich in nur 3 Minuten Entfernung. Von der Straße aus wirkt es nicht gerade einladend. Drinnen sieht es schon anders aus. Und hinter dem Haus befindet sich eine reizende Terrasse. Stühle in Schwarz – rot – gelb. Ich sage zur Patronin: „Die

Farben von Belgien und Deutschland." „Und von Vittel", ergänzt sie. Sie erklärt mir das Menü auf Französisch. Die Sprache kommt langsam wieder in mein Bewusstsein. Die Worte für fast sämtliche Lebensmittel kenne ich. Aber was ist betterave? Egal. Und die Frage, was ich trinken möchte, beantwortete ich mit: „Quel question" - ich wählte 500 ml – Vittel-Mineralwasser natürlich. Es ist gut für meine Knochen, denn es löscht nicht nur den Durst, sondern enthält auch viel Calcium. Ich habe eine neue Vokabel gelernt: betterave. Rote Bete, sagt meine Übersetzungs-App. Das hätte ich wenig später auch ohne deren Hilfe erkannt. Chutney von roter Bete: lecker und in dem typischen Purpurrot. Ich lebe wie eine Göttin in Frankreich, denke ich. Ich lasse mir Zeit und beobachte die Menschen, die nach und nach kommen. Ich habe den Eindruck, es sind alles Franzosen. Nach dem Essen finde ich das Auto ohne Probleme.

Weiter – und gewissermaßen zurück - geht es Richtung Contrexéville. Ich werde nicht in die Stadt fahren. Hier habe ich anderes vor. Im Intermarché einkaufen: Provenzalische Aprikosen. Natürlich 6 große Flaschen des extrem calciumhaltigen Wassers für die morschen Knochen der alten Frau: Contrex. Und, ganz wichtig - bei den großen Supermärkten kann man günstig tanken. Allerdings nur mit Karte. Mein Mann und ich mussten vor vielen

Jahren an einem Sonntag in Frankreich tanken. Schon damals war Kartenzahlung in Frankreich weit verbreitet. In Deutschland dagegen deutlich weniger. Eine Kreditkarte? Um Gottes Willen. Dann habe ich ja gar keinen Überblick mehr über meine Ausgaben. Nebenbei ein kleiner Tipp: Haushaltsbuch führen und beim Online-Banking kann man auch die Kreditkarte mit anzeigen lassen. So wird mir immer mein Gesamtsaldo angezeigt. Zurück zum Thema. Irgendwie fanden wir noch rechtzeitig, bevor der Tank leer war, eine Tankstelle mit Bargeldzahlung. Seitdem besitze ich eine Kreditkarte: Die Carte bleu, wie sie hier genannt wird. Inzwischen sind teilweise auch andere Kreditkarten erlaubt. Auf dem Monitor der Tanksäule die Sprachen Französisch oder Englisch. Und viele bildhafte Anweisungen. Irritierend war für mich, dass man VOR dem Tanken die Kartendaten über die Karte eingibt. Aber ich erinnerte mich wieder. PIN? Zum Glück hatte ich mich vor der Abfahrt informiert und die Nummer gut versteckt, aber für mich bequem auffindbar. Nach den Formalitäten das Tanken. Man kann sich auch einen Beleg ausdrucken lassen. Benötige ich nicht. Meinen „Beleg" habe ich im Smartphone. Mit einem vollen Tank, Mineralwasser und Aprikosen ging es wieder los. Über einen dieser häufig sehr kreativ gestalteten Rond Point – Kreisel – wieder auf die Straße.

Zurück auf dem Campingplatz. Nomi kommt wieder an die lange Leine. Ich gehe duschen und danach in den Pool. Ich wundere mich über die Menschen, die sich auf den Liegen der Sonne aussetzen, um braun zu werden. Das habe ich früher auch gemacht. Aber jetzt doch nicht mehr. Dabei denke ich nicht nur an die Falten, die zu starke Sonneneinstrahlung verursacht, sondern an das deutlich gestiegene Hautkrebsrisiko. Aber das Solarpaneel, das wird anschließend erneut zur Sonnenseite gedreht. Im Schatten laden Smartphone & Co an der zweiten Powerbank auf. Ich habe keinen Baum, der Schatten spendet. Gegenüber auf der Ecke, die noch frei ist, finde ich einen gemütlichen Schattenplatz. Ich gehe mit Stuhl und E-Book rüber. Ein richtiger Urlaubsnachmittag. Ich denke kurz daran, dass es mir zuhause manchmal schwer fällt in dieser Weise zu entspannen. Aus jeder Ecke sieht mich dort Arbeit an. Hier nicht. Deshalb bin ich – und sei es nur für 2 Tage – gerne mal unterwegs.

Abends setze ich mich auf die Terrasse und trinke ein Bier. Wohin werde ich morgen fahren? Darüber sollte ich jetzt nachdenken. Durch die Staus am Samstag landete ich in Nordhessen statt in Südhessen. So verschiebt sich alles. Aus dem Nord-Burgund wurde Süd-Lothringen. Folgerichtig wäre die nächste Station Süd-Burgund. Ich sehe auf die Karte, nach Orten, nach dem Wetter. Einige berühmte Orte im Burgund kenne ich bereits. Cluny. Ich entscheide mich für Cluny. Eine kleine Stadt mit einer berühmten Abtei und schöner Altstadt. Routenberechnung. Die Fahrtzeit ist Ok. Unterkunft? Ich entscheide mich diesmal für ein Hotel, da ich nicht außerhalb übernachten möchte. Es soll alles fußläufig zu erreichen sein, da ich zum Essen burgundischen Wein trinken möchte. Auf einer Buchungsplattform suche ich mit dem Filter: Datum von morgen, 2 Tage, 1 Person, Hund, Parkplatz, Frühstück. Ich finde ein Hotel am Stadtrand, aber gleichzeitig Altstadtnähe. Durch meine Gehbehinderung muss ich leider besonders auf Entfernungen achten. Das Hotel ist relativ einfach, hat aber einen Garten. Das gefällt mir. Denn im Hotelzimmer zu sitzen bei bestem Sommerwetter kommt für mich nicht infrage. Ich buche und bekomme kurz darauf die Bestätigung. Zwischendurch bin ich ins Zelt umgezogen und sitze bei LED-Licht auf dem Stuhl.

Dann geht es in Bett. Der Fuß ist wieder dick geschwollen, wie jeden Abend. Schonen kann ich ihn nicht in dem Maße, wie er das gerne hätte. Aber ich bin schmerzfrei. Dann schlafen wir ein: Nomi, ich und mein Fuß.

Tag 3 – Reisen statt rasen

Dienstag, 13.6.23

Mein Fuß ist zum Glück nicht eingeschlafen, zumindest nicht in dem Wortsinne, wie wir dies in unserer Sprache ausdrücken. Er ist aber ausgeruht und wieder schlank. Nomi gibt mir einen Kuss auf die Nase, als sie merkt, dass ich wach bin. Keine Störungen während der Nacht. Das Schlafen auf Augenhöhe funktioniert besser als gedacht. Das gleiche Procedere wie gestern. Nachdem ich gegessen habe und den letzten Kaffee trinke, kommt Nomi zum Kuscheln auf den Schoß. Anders als zuhause muss sie dafür nicht einmal springen. Ein Schritt genügt. Sie rollt sich zusammen. Ich genieße ihre Wärme und das weiche Fell. Und natürlich den Kaffee.

Nun heißt es packen. Ich rolle zuerst den gut gelüfteten Schlafsack ein. Die Matratze ist schon schwieriger zu handhaben mit einem Fuß, der sich nicht richtig bewegen lässt. Aber es geht. Mit meinem Körpergewicht rolle ich sie bei geöffnetem Ventil auf. Schnell wieder schließen. Gurte herum und ab in die Tasche. Zelt: Heringe raus. Gelenke von deren Schutzhüllen befreien. Den Zelt-Schirm schließen. Gelenke einklappen. Alles aufrollen und ab in die Tasche. Die Folie falten. Zuletzt der Stuhl. Zusammenklappen und in die Tasche. Die 3 Rollen ins Auto. Ebenso Nomi. Hopp, und schon ist sie auf ihrem Platz. Auf dem Beifahrersitz eine Wasserflasche, das Smartphone, das ich während der Fahrt aufladen werde. Ein letzter Blick ringsherum und am Auto entlang. Ja, die lange Leine liegt drin. Und nein, es liegt nichts auf dem Dach.

In das Auto-Navi gebe ich die Adresse des Hotels in Cluny ein. Bei der Routenauswähl wähle ich die kürzeste Route. Das bedeutet in der Regel: Keine Autobahnen. Denn die kürzeste Route ist vergleichbar mit der angenäherten Luftlinie. Viele kleine Straßen. Die Schilder dieser Straßen sind nur grün und gelb, nicht blau. Es ist leicht hügelig, grün, zwischendurch sind Rinder zu sehen und kleine Ortschaften. So kam es, dass ich in schöner Landschaft eine Pause machte, denn ich sah zwei Wege. Ich fand sogar eine Parkbucht. Wie gehen - links oder rechts? Links. Die Entscheidung traf die Geocaching-App. 500 m entfernt an einer Kapelle liegt ein Cache. Perfekt. Ein schöner Weg, noch dazu mit einem Ziel. Unterwegs neugierige Kühe, Mohn – der Geruch wunderbar ländlich. Nomi befestige ich am Bauchgurt. Mit den Wanderstöcken  lässt es sich gut gehen. Es ist soooo schön und friedlich. Eine kleine Kapelle, unter Steinen das Versteck. Zurück zum Auto. Die Kühe liegen auf ihrer Weide beim Wiederkäuen. Nun geht es aber weiter Richtung Senfstadt – Dijon. Nachdem ich über die Marne gefahren bin, mache ich einen kurzen Abstecher zu einer Festung. Kurze Pause und in Ruhe das imposante Gebäude ansehen, von außen. Dann geht's den Berg wieder runter. Es folgt ein kurzer Abstecher in die Weinberge. Nuits-Saint-Georges las ich auf einem Wegweiser. Spontan bin ich rechts abgebogen. Durch das Burgund zu fahren ohne Weinberge zu sehen – das geht gar nicht. Dort in der  Nähe haben wir 2012 zwei Tage auf einem Campingplatz verbracht. Ich fahre an den Weinbergen entlang. Ein Kreisel ist mit Weinreben bepflanzt.

Die Kreisel in Frankreich sind nicht nur häufig schön anzusehen, sondern auch praktisch. Bei Dijon bin ich 3-mal Karussell gefahren, bis ich die 4. Ausfahrt gefunden habe. Ich kann nur bis 3 zählen. Und das, ohne Burgunder getrunken zu haben. Gerade bei großen Städten ist es manchmal nicht so ganz klar für mich in den Kreiseln. Es gibt neben den eigentlichen Ausfahrten oft noch weitere Spuren. Ich habe den Eindruck, dass diese manchmal mitgezählt werden. Aber wenn man sich mehrmals die Schilder ansieht, weiß man irgendwann auch, wohin es gehen soll. Auf dem Display war es auch nicht 100%ig deutlich.

Y-Orte: Auf der Fahrt nach Cluny fallen mir die ungewöhnlichen Ortsnamen auf, die häufig mit Y enden. Die Fahrt war gut und ich komme entspannt am Hotel an. Checke ein. Der Patron fragt mit Blick auf Nomi: „Ton copain?" Was so viel heißt wie – dein Kumpel, dein Freund? Ich antworte spontan: „Ma copine". Er lächelt und gibt mir den Schlüssel. Später sehe ich nach, ob es den Begriff copine überhaupt gibt. Ja, ich habe spontan tatsächlich die richtige weibliche Form von Kumpel/Freund gefunden. Immerhin so viel Verständnis habe ich – noch – von der französischen Sprache. Ansonsten ist es nicht weit her. Es ist wie mit allem, was man gelernt hat. Wird es nicht angewendet, geht es nach und nach verloren. Besonders die Grammatik zur Bildung ganzer Sätze. Ich bringe den Koffer ins Zimmer und versorge Nomi. Die große Decke befindet sich auch im Koffer und bald als Kissen auf dem Fußboden. Ich dusche und ziehe mein leichtes türkisfarbenes Sommerkleid an. Dazu probiere ich Sandalen aus. Den Riemen des rechten Schuhes kann ich gerade noch mit einem kleinen Ende des Riemens schließen. Der Fuß ist wieder sehr dick, freut sich aber über die frische Luft. Zur Sicherheit habe ich meinen Stock dabei. Der gibt mir mehr Sicherheit beim Gehen. Und natürlich habe ich meine kleine Tasche umgehängt. Der übliche Inhalt wird ergänzt um den Zimmerschlüssel. Ja, ein richtiger Schlüssel, keine Karte. Zum Glück ist dessen Anhänger nicht monströs groß. Wir machen einen kleinen Gang. Jenseits der Straße sehe ich in nicht allzu großer Entfernung einen Kirchturm. Dort also ist die Stadt. Gegenüber der kleinen Straße, an der sich das Hotel befindet, befindet sich ein italienisches Restaurant. Das hatte ich gestern Abend schon auf der Karte gesehen. Auch dessen Öffnungszeiten. Denn heute möchte ich keine weiten Wege mehr gehen müssen. Mein Weg führt mich in den Garten, hinter dem Hotel ruhig gelegen. Mit Tischen, Stühlen, Liegen unter Bäumen. Als ich gestern Abend nach einem Hotel suchte, grauste mir davor, im Zimmer sitzen zu müssen. Der Garten hält, was er mir versprochen hatte. Passend zum Kleid wähle ich die Liege in türkis. Nomi binde ich an. Beide genießen wir, auf dem

Rasen unter Bäumen im Schatten zu liegen. Es ist ein heißer Tag. Ich lese, nicke manchmal ein, lese weiter. Nomi döst. Auch sie hat Urlaub. Es gibt nichts für uns zu tun.

Um 19 Uhr geht es rüber zum Italiener. Umgeben von südlich anmutenden terracottafarbenen Mauern ein halb verwilderter Garten. Mit vielen Rosen und anderen blühenden Blumen. Tische und Stühle auf dem gar nicht englischen Rasen. Beides finde ich schön. Hier passt es perfekt. Auch mein  Aperitif: Cremant de Bourgogne. Kalt, wie er sein soll und köstlich. Wegen der Rinder hier – Charolais und andere Fleischrinder – sowie des Rotweines wähle ich Ossobuco. Gibt es leider nicht. Dann eben die Pizza Tartuffo. Ein Dessert muss heute auch sein: Pannacotta framboise. Gibt es auch nicht. Tiramisu dann eben. Ärgere ich mich? Nein – das macht hässlich und gibt Falten. Ein weiteres Getränk möchte ich nicht. Mir reicht das Wasser, das in eine Flasche abgefüllt, auf den Tisch gestellt wird. So, wie es in Frankreich üblich ist. Das würde ich mir auch in Deutschland wünschen. Das Essen ist köstlich. Eine besondere Pizza, wie ich sie noch nie gegessen habe. Und dazu eine bezaubernde Atmosphäre. Ich ahne den Süden.

Tag 4 - Cluny: Savoir vivre

Mittwoch, 14.6.23

Ich habe gut geschlafen. Heute wird mir zur Abwechslung das Frühstück serviert. Nicht ganz, es handelt sich um ein Büffet. Vorher war ich aber natürlich schon mit Nomi unterwegs. Sie hat ihr Frühstück im Zimmer bekommen. Zimmerservice für den Hund. Selbstbedienung beim Menschen. Verkehrte Welt. Ich bin umgeben von Monteuren sowie Touristen. Ein Fernseher läuft mit Frühstücksfernsehen. Ich verstehe nur einzelne Worte. Erkenne Macron. Ukraine, Russland, Deutschland scheinen keine Themen zu sein. Ich bemerke an mir, dass mich die Politik im Moment auch gar nicht interessiert. Natürlich könnte ich mir auch deutsche Nachrichten im Internet ansehen. Möchte ich aber ausdrücklich einmal nicht. Die Wetterkarte zeigt Regen im Süden und teilweise im Westen Frankreichs. Ich werde heute Abend genau nachsehen und überlegen, wohin die Reise geht. Das Frühstück ist relativ gut und mit dem typischen Kochschinken und Käse, was ich schon aus anderen französischen Hotels kenne. Natürlich Marmelade und das übliche Gebäck. Körnige Brot-Varianten sucht man meistens vergeblich.

Das Auto hat heute Pause. Mein Fuß nicht. Er überquert mit mir und Nomi die größere Straße. Der Kirchturm – eine typische Landmarke – zeigt mir den Weg. Ich entdecke einen grünen breiteren Pfad, dem ich folge. Heute lasse ich mich treiben. Keine Karte weist mir den Weg. Nach dem Überqueren eines kleinen Flusses komme ich in die Altstadt und sehe gleich zwei Restaurants auf dem Weg. Ich studiere die Karten. Bei einem gibt es Weinbergschnecken in Kräuterbutter. Auch alles andere spricht mich an. Gegenüber - ein Laden, in dem man – fast – alles kaufen kann. Ähnlich wie bei uns früher die Eisenwarenhandlungen, in denen es viel mehr als Eisenwaren gab. Weiter geht es und plötzlich bin ich mitten im Getümmel der Fußgängerzone. Ich sehe Touristenrestaurants, aber auch die

Läden mit der typischen französischen Holzfassade. Einen alten Buchladen, einen Laden für Bekleidung mit herrlich altmodischer Dekoration. Natürlich eine Boulangerie, die die Menschen mit leeren Händen betreten und mit einem Baguette unter dem Arm oder in der Hand wieder verlassen. Eine Charcuterie mit Boucherie – Feinkostladen mit Fleischerei – darf auch nicht fehlen. Hier erhält man auch fertige kleinere und größere Leckereien. Früher haben wir gerne in diesen Läden eingekauft. Das alles sind Klischees, aber auch Realität. Französische Impressionen. Ich sauge dieses Gefühl förmlich auf. Ich habe nicht vor, mir ganz bewusst Sehenswürdigkeiten anzusehen. Mich interessiert die Atmosphäre, das Flair. Das ist es, wonach ich mich gesehnt habe.

Ich kenne fast alle Vokabeln, das Essen betreffend , deshalb stutze ich. Auf einer Aufstelltafel lese ich:

Menu Grenouilles

6 Escargots

Grenouilles

Deux boules de glace

Für meine Freundinnen und Freunde mache ich ein Foto und lasse es von Google Lens übersetzen.

Das Bild wird dabei direkt mit dem deutschen Text überschrieben:

Froschmenü 🐸

6 Schnecken

Frösche

Zwei Kugeln Eis

Gemeint sind natürlich Froschschenkel, keine ganzen Frösche. Ich habe sie vor Jahrzehnten einmal probiert. Ich wollte wissen, wie sie schmecken. Gut. Das Fleisch erinnerte irgendwie an Hühnerfleisch. Jedenfalls war es nicht eklig. Der Ekel wird schließlich in unserem Kopf erzeugt. Und was wir nicht gewohnt sind, wird oftmals als ekelig empfunden, selbst wenn es das objektiv nicht ist. Ich weiß nicht, wie und wo die Frösche gezüchtet werden. Von den Schnecken weiß ich es schon genauer. Gemeint waren hier natürlich nicht die spanischen Nacktschnecken, die bei Feuchtigkeit meinen Garten bevölkern, sondern Weinbergschnecken, von denen ich auch etliche Exemplare beherberge. Gelegentlich ertappe ich mich bei dem Gedanken, einige davon einmal zuzubereiten. Bisher habe ich es nicht getan.

Es ist heiß geworden und es wird Zeit für eine Pause. Nahe der Abtei befindet sich ein schönes Café, dessen Terrasse sich im Schatten befindet. Ich finde einen letzten freien Platz. Ungefragt bringt man Nomi eine Schale mit Wasser. Ich bestelle mir ein erfrischendes, kühles Bier. Pression – vom Fass. Bei anderen sehe ich die typischen alten französischen Tassen: Dunkelgrün mit Goldrand. Sie sind 12-eckig, wodurch schon fast ein runder Eindruck entsteht. Während der Corona-Zeit habe ich für eine Sitz-Ecke am Haus zwei französische Terrassenstühle online bestellt. Mit dem charakteristischen Geflecht, das ich auch hier sehe. Die Tassen ergänzten das Ambiente. Der Bistrotisch aus Marmor und Gusseisen hält schon etwa 30 Jahre durch. Ich brauchte gerade während der in vielerlei Hinsicht schweren Zeit diese kleinen Fluchten – französische Momente draußen in der französischen Ecke. Kaffee aus diesen grünen Tassen. Abends ein Glas Rosé aus der Provence, auch wenn es guten deutschen Wein gibt. Er MUSSTE aus der Provence sein.

Oliven, Baguette, Käse. Nun muss ich mich nicht fortträumen. Ich BIN in Frankreich. Ich bestelle auf Französisch. Ich zahle indirekt über das Smartphone mit der Carte bleu. Um  mich herum sehe ich zum Glück nicht nur Touristen. Einer der Gründe, weshalb ich im Juni hier sein wollte. Ich bemerke viele Franzosen um mich herum. Danach gehe ich um die wiederaufgebaute Abtei herum. Reste des ursprünglichen Gebäudes sind zu sehen. Aber auch ein Straßenschild, das an die Angriffe durch deutsche Bomber am 11. August 1944 erinnert. Cluny wurde damals stark zerstört.

Vorbei geht es auch am Hôtel-Dieu („Hôtel-Dieu wurden in Frankreich ursprünglich Pilgerherbergen genannt, die meist in der Nähe einer Kathedrale errichtet wurden. Die ersten Hôtel-Dieu sind aus dem 7. Jahrhundert bekannt. Im Laufe der Jahrhunderte wandelte sich die Nutzung von der reinen Beherbergung hin zur Versorgung von Alten oder Kranken." Wikipedia). Ein großes beeindruckendes Gebäude.

Langsam bewege ich mich zurück. Ich habe mich entschieden, wo ich zu Mittag essen werde. Nein, nicht dort, wo es das Froschmenü gibt und auch nicht in einem der Touristenrestaurants in dieser Fußgängerzone. Ich werde das Restaurant besuchen, bei dem ich heute Morgen die Escargots auf der Speisekarte sah. Als ich dort ankomme und hineingehe - denn es stehen keine Tische und Stühle vor dem Gebäude - bin ich erstaunt, dass sich auch hier auf der Rückseite eine Terrasse befindet. „Seul"? „Oui, ich bin allein." Es ist noch ein Tisch frei. Nomi bekommt wieder Wasser. Ich die Karte. Die muss ich gar nicht lesen. Ich bestelle das Tagesmenü, dass ich vorne auf der Tafel sah. Suprême de volaille avec legumes. Ein Entrée gab es auch. Darauf verzichte ich. Stattdessen möchte ich Escargots de Bourgogne. Wenn es in Lothringen schon mit der

Quiche Lorraine nicht geklappt hat, dann bitte in Cluny mit etwas typisch Burgundischem. Sie weist mich darauf hin, dass dies extra kostet. Pas de problème. Das ausgewiesene Dessert möchte ich natürlich auch und ein Glas burgundischen Weißwein. Bald bekomme ich eine Flasche kühles Leitungswasser und den Wein. In der Auberge zum Cheval Blanc sitzen offenbar nur Franzosen, die hier ihre Mittagspause verbringen. Ich sehe und höre es. Nomi sitzt und blickt sehnsüchtig zum Nachbartisch. Man lächelt sie an. Das muss reichen. Dahinter – mir schräg gegenüber - hält ein Mann ein Stückchen in der Hand. Zunächst halte ich es für Brot. Er fragt nonverbal, ob der Hund das haben dürfe. Ich nicke. Plötzlich hat Nomi etwas zu fressen. Und es kam nicht vom Tisch. Jedenfalls nicht von dem, den sie sehnsüchtig ansieht. Baguette war es definitiv nicht. Es war Huhn – fliegendes Huhn. Ein zweites Stückchen kommt noch angeflogen. Nomi freut sich – und alle, die diese Szene beobachtet haben. Nun muss der Hund aber wieder unter dem Tisch Platz machen. Dort bleibt sie jetzt auch. Ich kann meine Schnecken genießen. Später das Huhn, was glücklicherweise nicht davonfliegen wird. Es ist sehr lecker. In einer hervorragenden cremigen Soße. Dazu gut gewürztes Ofengemüse. Am Rand der Terrasse gesellt sich ein Handwerker, wohl ein Maler, zu dem Tisch des fliegenden

Huhnes. Man unterhält sich, gestikuliert. Dann zahlen sie und werden wohl weiter arbeiten müssen. Ich werde noch bleiben und mein Dessert genießen. Es ist sagenhaft schön angerichtet und schmeckt auch so. Es ist eine Creme. Sie schmeckt nach  Sahne, Creme fraiche, Quark, Vanille. Mit Soße von Erdbeeren und Pfirsichen. Die Sonne, Wärme, die Sprache um mich herum und Gerüche - das pure Glück. Jeder Moment geht zu Ende. Und irgendwann stehe ich schweren Herzens, aber zufrieden, auf. Drinnen zahle ich mit dem Smartphone. Dann stapfen wir den Weg zurück durch die Hitze, um bald darauf im schattigen Garten zu liegen. So war mein Plan. Hotel zwar, aber draußen sein im Grünen. Ruhe. Ich mache ein Nickerchen, um danach zu lesen. Später bestelle ich mir beim Patron einen Café americain.

Es wird Abend und ich fange an, mir über den morgigen Tag Gedanken zu machen. In meiner Wetter-App habe ich relevante Orte gespeichert: Puy de Dôme, Mont Ventoux. Zwei Berge, die ich besuchen möchte. Wer macht das Rennen? Der erste. Unten im Süden, in der Provence, Regen oder Schauer. Am Puy de Dôme dagegen hört der Regen morgen auf. Damit ist klar: Morgen fahre ich in südwestliche Richtung zum Puy de Dôme. Wie kommt man hoch? Ich zu Fuß - mit Sicherheit nicht. Es gibt eine

Zahnradbahn. Ich bestelle online ein Ticket für 1 Person und 1 Hund. Beide behalten ein Jahr ihre Gültigkeit. Das ist sehr beruhigend. Umgehend erhalte ich die Mail mit dem Anhang. Diesmal ist es kein QR-Code, sondern jeweils ein Bar-Code. Wo werde ich morgen übernachten? Das weiß ich noch nicht und plane auch nichts. Es wird sich etwas finden. Nach dem von mir so genannten Nachtgang geht es für uns beide ins Bett. Aber nicht ins gleiche. Ich oben, Nomi unten.

Tag 5 – Die Vulkanberge

Donnerstag, 15.6.23

Frühstück. Beim letzten Kaffee noch einmal ein Blick in die Wetter-App: Provence Regen – Puy de Dôme Sonne. Es ging also nach dem Frühstück Richtung Südwesten. Die Richtung passte eigentlich nicht in meine Route. Aber von Süden kommend hätte ich ebenso einen „Umweg" fahren müssen. Die Fahrt ist angenehm stressfrei und irgendwann sehe ich das Ziel: Puy de Dôme. Vor mir die Kette der Vulkanberge – die Chaîne des Puys. Sie gehören zum Massif central der Auvergne und damit zum Herzen Frankreichs. Puy stammt übrigens aus dem Mittelfranzösischen und bedeutet Anhöhe. Dôme ist die Kuppel, wie im Englischen Dome. Ursprünglich stammt die Bezeichnung Dom für ein bedeutendes Kirchengebäude aus dem Lateinischen: Domus, das Haus. (Quelle Wikipedia)

Ich sehe sie vor mir. Wie schon 2012. Damals im Regen – grau in grau. Jetzt bei Sonnenschein live und in Farbe: Blauer Himmel, grüne erloschene Vulkane. Erste kleine Bergfahrten werden von mir verlangt. Dank meiner Auto-Assistenten bewältige ich diese ohne Probleme. Und auch ohne Angst. Dann komme ich an. Ein riesiger Parkplatz. Dieser ist nur teilweise belegt. Ich versuche mir vorzustellen, was hier während der Ferienzeit los ist. Ein Blick auf den Berg. Er ist 1465 m hoch mit einer riesigen Fernsehantenne, die die Auvergne versorgt.  Der Puy ist ein Vulkan mit zwei Lavadomen, also Kuppeln. Man sieht ihm seine frühere Tätigkeit deutlich an. Ich mache zunächst mit Nomi einen Gang abseits des modernen Bahnhofsgebäudes. 2012 wurden Bahn und Bahnhof fertiggestellt. Die Halle ist gut aber nicht übermäßig gefüllt. Vor der Fahrt nach oben sollte ich unbedingt noch zur Toilette gehen. Ich lege Nomi davor ab. Als ich wieder zurückkomme, ist sie weg. Vielleicht ist sie schon vorgefahren. Ich sehe mich in der Halle um. Da kommt auch schon ein lachender Mann mit Nomi an der Leine auf mich zu. Die Neugier hat sie mal wieder getrieben. Schipperkes sind eben nicht nur wachsam, sondern auch ausgesprochen neugierig. Ich sage: „Pardon, merci". Nun aber zur Bahn. Die auf dem Smartphone befindlichen Tickets werden gezeigt: Mensch und Hund. Eingescannt. „Bonne journée". Natürlich gibt es auch einen Weg hinauf. Den benutzen neben Wanderern die Radfahrer der Konkurrenzveranstaltung, die sich auch Tour de France nennt. Am 9. Juli werden auch sie hier sein. Am Bahnsteig, am Zug – überall wird dieses Ereignis beworben. Die Regionen im Land sind stolz darauf ein Etappenziel dieser weltberühmten Frankreich-Rundfahrt zu sein. Ähnliches habe ich schon häufig  gesehen, denn der Termin lag meistens in den Sommerferien, immer dann, wenn auch wir unterwegs waren. Bei Quimper in der Bretagne haben wir sogar einmal an der Straße gestanden, als Radfahrer vorbeikamen. Der Zug kommt. Auf der anderen Seite wird ausgestiegen. Dann in die Bahn und los geht die Fahrt, die knapp eine viertel Stunde dauert. Wunderschöne Ausblicke. Alle fotografieren. Ich auch und denke an früher. Wir hatten Filme mit 24 oder 36 Bildern. Damals überlegte man sorgfältig, was sich lohnt fotografiert zu werden. Später werde ich übrigens alle im Zug gemachten Fotos wieder löschen. Von oben werde ich noch viel schönere Bilder machen können.

Oben angekommen registriere ich vor dem Bahnhof die Abfahrtszeiten nach unten. Ich speichere 14 Uhr im Kopf ab. Jetzt ist es 12:30 Uhr. Hier oben befindet sich ein Rundweg sowie kleinere Pfade hoch zum Gipfel. Ich gehe dort lang, wohin niemand geht. Vor mir in einer kleinen Kratermulde liegen Schafe im Schatten und käuen wieder. Am Himmel Paraglider. Schon von unten habe ich sie gesehen. Das muss schon großartig sein von oben auf die Krater der grünen Vulkane zu blicken. Dieses grüne Kraterbild übrigens hatte ich jahrelang im Kopf. Vom Mineralwasser Volvic – bzw. dessen Etikett. Irgendwann googelte ich, um zu erfahren, was dort abgebildet ist. Seitdem hatte ich den Wunsch diese Berge zu sehen. Eigentlich gab es den Plan, hier auch zu wandern. So hatten mein Mann und ich uns das einmal vorgestellt. Nun bin ich allein hier mit kaputtem Fuß, aber immerhin umrunde ich den Gipfel des Hauptvulkans. Der Ort Volvic befindet sich quasi gleich nebenan. Und wie schon oben im Norden - in Lothringen - gehören die Quellen zu Nestlé. Auch dieses Wasser wird in Deutschland nicht mehr vertrieben. Gut so. Wasser zu exportieren ist schon mehr als merkwürdig.

Ich lege mich mit Nomi an einen grünen Hang, an dem blaue Vogesen-Stiefmütterchen blühen. Sagt jedenfalls Google Lens. Ich blicke auf die Paraglider und genieße den Blick auf die umliegenden Krater der Kette der Vulkanberge. Die Temperatur ist angenehm, die Sonne scheint. Ich habe morgens sogar an Sonnenschutzlotion gedacht. Es fällt mir schwer mich vom Anblick zu lösen. Und es ist anstrengend wieder aufzustehen. Der Stock hilft mir dabei. Nomi habe ich hier oben am Bauchgurt. Ein zweiter Stock zusätzlich ist sehr hilfreich bei diesem Gelände. Auf dem Gipfel gibt es einen Merkur-Tempel. Zumindest Reste davon. Dass dieser Berg schon früher auffiel und verehrt wurde ist nicht verwunderlich. Ich bin eigentlich kein Fan von Bergen, aber es gibt einige, die mich faszinieren. Vulkane gehören definitiv dazu – ob aktiv oder nicht. Vesuv, Ätna, Stromboli, Vulcano sowie die Vulkane von Teneriffa und La Palma habe ich gesehen, teilweise gehört, gerochen und gespürt. Aber auch die Maare, die mit Wasser gefüllten Krater der Vulkaneifel. Ich erinnere mich, wie erstaunt wir waren, als wir kurz an einer Sandgrube anhielten: Der Sand war fast schwarz. Wie an den Stränden der Kanarischen Inseln, die ich aber erst später kennenlernen sollte. Mit diesen Gedanken gehe ich langsam zurück zum Bahnhof. Um 14 Uhr geht es wieder bergab.

Es geht zurück zum Parkplatz. Wieder muss ich den Wagen suchen, weil ich erneut vergessen habe, den Standort abzuspeichern. Dann ist er gefunden. Es ist inzwischen heiß. Wasser für alle. Schließlich geht es weiter. Zu einem Ort, den ich mir ansehen wollte. Nachbarn, u.a. eine gebürtige Französin aus dieser Gegend, erzählten, dass sie dort ein Haus haben, zu dem sie im August wieder fahren werden. Mir wurde auf Google Maps gezeigt, wo es ist. Auch genau das Haus, was in Satellitenansicht gut zu erkennen war. Wegen einer großen Straße in der Nähe, auf der man nicht wenden kann, wird es etwas schwierig. Aber dann bin ich da, sehe mir alles an, mache Fotos und verschicke sie per E-Mail nach Schleswig-Holstein. Eine schöne Gegend ist dies hier. Auch sehr grün, zumindest in dieser Jahreszeit. Es ist wirklich angenehm im Vorsommer unterwegs zu sein, wenn noch nicht so viele Pflanzen in der Natur vertrocknet sind.

Nun stelle ich im Navi Le Puy-en-Velay ein. Das entspricht der groben Richtung zur Provence. Ich nenne sie die Hauptstadt der berühmten Puy-Linsen. Schnellste Route diesmal. Ich befinde mich anfangs im Gebirge und muss die ersten kleinen Pässe bewältigen. Dazu gehören naturgemäß viele Kurven. Unterwegs wird mir klar, dass ich den eingegebenen Ort nicht mehr erreichen werde oder, was richtiger ist, will - und außerdem dringend tanken muss. Ich finde eine Tankstelle am Straßenrand. Tanken, mit Kreditkarte natürlich. An den Rand fahren und die Gegend nach einem Hotel absuchen. Ich finde eines in der Nähe. Wie üblich gebe ich auf der Buchungs-Plattform ein: das heutige Datum, 1

Nacht, 1 Person, Haustiere erlaubt, Parkplatz, Frühstück. Ich habe Glück. Schnell erhalte ich die Bestätigung. 10 Minuten später wird schon eingecheckt. Es ist 17:15 Uhr. Die Atmosphäre ist sehr angenehm. Auch ein Restaurant ist vorhanden. Ich bin sehr zufrieden. Aber erst einmal muss auch der Hund zufrieden sein. Ein kleiner Spaziergang wird natürlich gemacht, der uns beiden guttut. Abendessen. Schließlich auch für mich, nachdem ich frisch geduscht und neu gestylt bin. Die heutige Bergwertung habe ich gewonnen. Auf das weiße T-Shirt, das ich gerade trage und welches in meinem Selfie zu sehen ist, male ich mit der Bearbeitungssoftware dicke rote Punkte. Das Bergtrikot DER Tour de France. Ich schreibe in meinem digitalen Reisetagebuch, das etliche FreundInnen lesen, dass ich das Bergtrikot gewonnen habe und vor dem Restaurantbesuch noch zur Dopingkontrolle müsse. Ich bekomme einen Tisch mit der Frage: "Seul?" „Oui, ich bin allein". Auf der Speisekarte suche ich nach regionalen Spezialitäten. Ich könnte auch sagen, nach Puy-Linsen – lentilles. Tatsächlich werde ich fündig. Gebratenes Lachsfilet mit lauwarmem Linsensalat. Dazu ein kühles Weizenbier – bière blanche – perfekt. Und natürlich ein Dessert. Ein köstliches Essen. Ich genieße alles um mich herum. Auch den Garten. Der Tag war anstrengend und - schön. Danach geht es nach oben ins Zimmer. Ich bin erstaunt – und erfreut – dass Nomi nicht in meinem, sondern ihrem Bett liegt und döst. Braver Hund.

Auf dem Bett liegend beginne ich mit der Recherche für DAS Ziel meiner Tour de France. Der südlichste und damit entfernteste Punkt von zuhause: La Provence. Aber zunächst einmal das Wetter: OK. Der Regen ist durch. Die nächsten Tage wird es sonnig und warm sein. Ich werde die Provence also in frischem Grün und nicht vertrocknet erleben. Ich suche selbstverständlich einen Campingplatz. Das Zelten ist wirklich schön bei trockenem Wetter. Und mit einer guten Matratze liegt es sich wie zuhause im Bett. Es gibt mehrere Plätze in der Gegend um den Mont Ventoux. Ich sehe genauer nach, prüfe Fahrtzeiten zum Mont Ventoux, Vaison-la-Romaine, Crestet. Denn diese Ziele sind für mich wichtig. Ich finde einen Platz, der auch nicht zu groß ist. In den Bewertungen wird geschrieben, dass hier sogar noch gezeltet wird. Ja, das ist selten geworden. Das habe ich inzwischen gesehen. Ich gehe auf die Webseite des Platzes: Gelegen am Fluss Ouèze mit Blick auf den Mont Ventoux. Die Satellitenansicht zeigt Bäume, also gibt es Schatten. DER ist es, beschließe ich, buche aber nicht. Man weiß nie, was sich ergeben wird. Flexibel bleiben ist meine Devise. Nomi und ich machen noch den Nachtgang und schlafen jeweils in unseren Betten nach einem schönen, aber auch anstrengenden Tag ein.

Freitag, 16.6.23

Heute gibt es tatsächlich einmal ein herausragendes Frühstück. Auch Vollkornprodukte werden angeboten, regionaler Käse, frisches Brot, nicht nur das übliche Baguette. Frisch gepresster Orangensaft. Die Bedienung der Maschine ist zunächst eine Herausforderung, aber irgendwie auch logisch, wenn man sie sich genauer ansieht. Ich genieße die Zeit hier, denn der Tag heute wird wohl auch wieder anstrengend. Andererseits bin ich voller Vorfreude. Ich nähere mich meinem wichtigsten Ziel: Der Provence, dem Mont Ventoux. An diesem Wochenende wollte ich am und auf dem Berg sein. Und an meinen Mann denken, der vor einem Jahr starb.

Nach langem Leiden, wie es immer formuliert wird. Ich weiß inzwischen, was es bedeutet. Für Beide. Aber ich darf weiterleben und genieße es ohne schlechtes Gewissen.

Bei der Navigation habe ich heute erneut die KÜRZESTE ROUTE gewählt. Annähernd der Luftlinie, hat dies zur Folge, dass auch sehr kleine Straßen gefahren werden. Es tut gut, durch die wundervoll grüne, hügelige Landschaft der Auvergne zu rollen. Nach der Gebietsreform heißt die Gesamtregion jetzt Auvergne-Rhône-Alpes. Ich mache eine kurze Rast für Mensch und Hund. Im Hintergrund Limousin-Rinder. Wo bin ich hier eigentlich? frage ich mich. Ich entdecke staunend, wo ich mich befinde, und gebe ein neues Zwischenziel ein. Dieses Wunschziel – erst seit Mai - hätte ich fast vergessen. Auf einem Schotterweg geht es durch blühende  Landschaften. Ginsterduft. Ich halte an, steige aus, um zu genießen. Ein Rennradfahrer fragt mich nach dem Weg nach Coucouron. Ich wiederum frage Google Maps und bekomme die Antwort: Bis zur nächsten Kreuzung. Rechts. Immer der D 110 folgen. Dann links. Bonne journée - Guten Tag. Noch schnell ein  Selfie von uns beiden gemacht. Ich finde es schon witzig, dass ausgerechnet ich einem Franzosen weiterhelfen kann. Aber es ist auch schön. Ich mag Begegnungen mit den Menschen hier.

Auch ich komme wieder auf größere Straßen. Die Auswahl ist wohl beschränkt, denn es geht in die Berge. Ich wusste es ja. Und in der Auvergne habe ich schließlich das Bergtrikot „gewonnen". Da werden mich diese etwas größeren Hügel auch nicht schrecken. MOTORBREMSE. Genau so steht es auf einem Schild: Auf deutsch. Zum Glück weiß ich, was dies bedeutet – und das Auto offensichtlich auch. Peter hat es mir erklärt. Ich war immer Beifahrerin und habe nur im Ostholsteinischen Hügelland "Bergerfahrung" gesammelt. Aber ich glaube, ich habe gute Chancen das Bergtrikot zu behalten. Es geht aufwärts durch eine wunderschöne, durch Bäume grüne und durch Kalksteinfelsen gleichzeitig weiße Berglandschaft. Dann bergab. Ich mache einen kurzen Stopp, nachdem ich vor der Brücke Ardèche las und spüre – ich bin im Süden. Es fühlt sich anders an als heute Morgen. Ist es die Luft, der Geruch? Ich weiß es nicht. Aber ich spüre es ganz intensiv. Ich bin noch nicht am Ziel, aber ich bin schon im Midi.

Balazuc. Diesen GEHEIMTIPP bitte nicht weitersagen. Ich sah ein Foto vor wenigen Wochen im STERN und war wie elektrisiert. So schön fand ich die Landschaft. Als ich am Morgen nach dem

Zwischenstopp entdeckte, wo ich war, und dass dieser Ort fast auf meiner Route lag, gab ich ihn als Zwischenziel ein. Schon die Straße über den kleinen Pass dorthin zu fahren war Abenteuer pur. Dann: Eine geschmückte Brücke, ein letzter Parkplatz im unteren Bereich des Ortes. Und Hitze. Zu Fuß geht es weiter. Zunächst auf die andere Uferseite, um den Blick zu genießen, der mich in der Zeitschrift so fasziniert hatte. Steile Kalkfelsen an der Ardèche, eine Kiesinsel im Fluss. Am Hang die typischen südfranzösischen Häuser umgeben von Bäumen. Ich muss mich zwingen, diesen Ausblick zu beenden. Wie schön, dass Fotos Erinnerungen wieder auffrischen können. Dann geht es über die Brücke wieder zurück und runter an die Ardèche unterhalb der Felsen. Ich kann noch nicht in Sandalen gehen, weshalb ich es zumindest hier gar  nicht erst versuche. Damit kann ich auch leider nicht ins Wasser. Nomi blieb wegen der Kinder besser an der langen Leine. Sie ist ja kein Wasserhund. Maximal bis zum Bauch geht sie hinein. Trinken und gleichzeitig ein Fußbad nehmen - das hat was. Ein Labrador bewegt sich frei im Wasser und geht tiefer hinein, um zu schwimmen.

Später genießen wir den Schatten eines Olivenbaumes und - lauwarmes Trinkwasser. Auch wenn es nicht schmeckt, trinken müssen wir bei der Hitze.

Der Blick auf den Fluss. Wunderschön. So viele Orte, an denen ich bleiben möchte. Aber ich weiß auch, man kann nicht alles haben. Umso mehr genieße ich jeden Moment. Zurück zum gut geheizten Auto. Erst einmal Durchzug. Ich bin erstaunt, dass es nicht zurück, sondern bergauf weiter geht durch den Ort. Er gefällt mir gut. Aber wir werden uns nicht wiedersehen. Dann folgen wieder größere Straßen, hübsch gestaltete Kreisel. Kurz vor der zweiten Abfahrt im Kreisverkehr sehe ich plötzlich das erste Lavendelfeld. Ich halte in einer Bucht direkt danach an, genieße den Anblick und mache ein Beweis-Foto. Das ist nun gewissermaßen abgehakt, sage ich mir. Ja und nein. Ich möchte nicht nur abhaken. Ich möchte genießen. Und plötzlich sehe ich IHN: den weißen Gipfel des Mont Ventoux. Wir sind nicht mehr weit entfernt vom Riesen der Provence. Auf den Schildern lese ich Vaison-la-Romaine und Crestet. Irgendwann folgt ein Hinweis zum Campingplatz. Es gibt 3 weitere hier an dieser Strecke. Es geht bergab. Das muss es auch, denn schließlich liegt der gewählte Platz an einem Fluss. Kurz kommen mir Zweifel. Hätte ich doch buchen sollen? Heute ist Freitag. Le weekend in Frankreich beginnt. Was, wenn alle Plätze durch Urlauber und Wochenendbesucher belegt sind. Bald werde ich es wissen.

Die Patronin gibt mir ein Blatt mit markierten möglichen Plätzen. Ich soll mir einen aussuchen. Das mache ich sehr gerne. Ein Platz auf einem Doppelplatz, umgeben von Hecken, darüber Schatten-  bäume. Ich gehe zurück, erledige die Formalitäten. „Électricité"? „Non". „WIFI"? „Non". Aber die Bestellung eines Pain au chocolat, das muss sein. Auf der Tafel sehe ich: Pizza. Ab 19 Uhr wird mir bestätigt. Wunderbar. Zelt aufbauen und alles drum herum − Routine. Erdanker für die lange Hundeleine? Zu felsig. Logisch.  Also befestige ich die lange Leine wieder an den Felgen. Der Hund wird versorgt. Ich auch. Der Platz ist großartig. Nicht zu groß, mit vielen Bäumen und ruhig. Wir machen einen Rundgang. Am Fluss sitzend sehe ich zum Mont Ventoux hinauf. Dort oben möchte ich morgen stehen. Ich habe Respekt vor dieser Herausforderung. Auf dem Weg vom Fluss zu unserem Zelt komme ich mit Niederländern ins Gespräch. Sie wohnen nahe der deutschen Grenze und sprechen dementsprechend gut deutsch. Blitzartig denke ich noch: warum eigentlich nicht andersherum? Und warum sprechen kaum Menschen im Norden Schleswig-Holsteins dänisch, außer der dänischen Minderheit. Warum kaum im Grenzgebiet auf Fehmarn sowie der Wagrischen Halbinsel? Zurück in die Provence. Die Frau geht an Gehhilfen, da sie ein gebrochenes

Becken und einen Krankenhausaufenthalt hinter sich hat. Aber sie genießen die Zeit und wollen 14 Tage auf dem Platz bleiben. Auch die beiden lassen sich nicht unterkriegen. Ich erzähle kurz, dass mich mein gebrochener Fuß auch nicht davon abhalten konnte, meinen Traum wahr werden zu lassen. Natürlich werde ich auch gefragt, ob ich die Niederlande kenne. Kennen? Ein wenig. Natürlich war ich in Amsterdam, aber auch auf Klassenfahrt mit 3 Klassen und 3 Plattbooten auf dem Ijsselmeer unterwegs und zu einem Urlaub mit Wohnwagen auf Terschelling. Ich erkläre – es klingt wie eine Entschuldigung - dass, wenn man so weit im Norden lebt wie ich, man gerne nach Dänemark fährt. Die Menschen aus den westlichen Regionen Niedersachsens und Nordrhein-Westfalens fahren weitaus häufiger in die Niederlande. Auch hier auf dem Platz sehe ich wieder viele Niederländer, aber auch wenige Franzosen, Belgier, Dänen und Deutsche. Tatsächlich entdecke ich einige Zelte. Diese sind aber deutlich größer als meines. Man kann darin stehen. Das ist zwar sehr schön, aber ich bereue keinesfalls, dass ich dieses handliche All-in-One-Zelt habe. Es ist perfekt für uns beide.

Später gehen wir zur Rezeption, zum Restaurant unter Platanen. Mein Provence-Klischee wird voll bedient. Ich mache gedanklich wieder einen

Haken. Ich bestelle Pizza Provençal - natürlich. Man hat offenbar einen guten Ofen und ebensolchen Pizzabäcker. Ich hatte geglaubt, es gäbe Tiefkühlpizza. Umso überraschter bin ich. Dazu – Rosé aus der Provence, was sonst? Am Tresen Gespräche kreuz und quer, viele Bestellun-
gen. Ich bin mittendrin. Später am Tisch unter Platanen: Ich genieße und bin so unendlich glücklich. Auch Nomi liegt entspannt darunter. Für sie ist nicht wichtig, wo sie ist, sondern dass wir zusammen sind. Wir haben es geschafft, wir sind in der Provence. Alle meine Sinne nehmen dies wahr. Ein Sommerabend unter Platanen, Pizza mit Oliven, Anchovis, Kräutern der Provence … kühler Rosé im typischen kleinen Weinglas, Gelächter und Gespräche um mich herum. Ich fühle mich keineswegs einsam, denn ich habe zwischendurch immer wieder Kontakte, Gespräche. Und ich habe Nomi, der ich bei Bedarf auch etwas erzählen kann. Sie kann eine sehr geduldige Zuhörerin sein.

Der Abend endet mit dem Buch vor dem Zelt. Ach ja, das fällt mir noch ein: Wann ist eigentlich Markt in Vaison-la-Romaine? Am Dienstag. Das ist perfekt. Ich werde hier also 5 Nächte verbringen. Später schlafen wir beide zufrieden ein. Es ist ruhig. Kein Trubel am Freitagabend. So mag ich es inzwischen. Offenbar eine gute Wahl, dieser Platz.

Tag 7 – Mont Ventoux

Um 8 Uhr kann ich meine Pain au chocolat und Pain au raisins abholen. Es ist so weit alles erledigt nach der guten und ruhigen Nacht. Der kleine Kocher wird an den Rand des sandig-steinigen Weges gestellt. Es besteht aber keine Feuergefahr. Es gab während der letzten Zeit viel Regen in der Provence. Ich kannte sie bisher nur aus dem Hochsommer. Am Boden alles gelb und vertrocknet. Nun grün mit Pfützen, die mir beweisen wollen, dass meine Wetter-App recht hatte.

Die letzten Kaffeeschlucke genieße ich während der Beschäftigung mit dem Thema Bergfahren. Gibt es einen bestimmten Bergmodus bei meinem

Automatikgetriebe? Nein, aber intelligente Assistenten und Sensoren. Sie reagieren auf den Neigungswinkel und wer weiß was noch alles. Bei Schotterpisten gibt es einen Offroad-Modus, wofür eine Taste gedrückt werden muss. Im Übrigen habe ich ja gestern bereits erlebt, dass der Wagen offenbar fast alles automatisch regelt.

Viele Wege führen nach Rom, mehrere auf den Mont Ventoux. Welche Route nehmen? Die üblichste, weil auch leichteste ist die über Malaucène. Ich bin nicht weit entfernt von diesem Ort. Voller Vorfreude, aber auch leicht angespannt fahre ich los. Vor der Römerbrücke parke ich, weil ich 1. sie fotografieren, 2. an das Wasser, an  dem sich auch Stromschnellen befinden und 3. einen Cache im Mauerwerk finden möchte. Am Wasser haben es sich Franzosen gemütlich gemacht. Vermutlich Leute aus der Gegend, die das Wochenende genießen wollen. Leider bin ich mit meinem Fuß nicht in der Lage, ins Wasser zu gehen. Ich erinnere mich an mein Vorhaben und fahre weiter über die schmale Brücke. Schmale Straßen folgen. Es ist diese ganz besondere Atmosphäre, die ich vermisst habe, die ich unbedingt noch einmal erleben wollte. Sogar im Auto sitzend überkommt mich dieses Wohlgefühl. Eine Platanenallee. Ich kann nicht ständig anhalten, um zu fotografieren, ermahne ich mich. Und die Kreisel hier – kleine Kunstwerke, wie so häufig in Frankreich. Mit dem Mininachbau römischer Brücken, kleinen Olivenbäumen, Zypressen, Lavendel. Ich komme nach Malaucène, nehme die entsprechende Ausfahrt mit der Ausschilderung Mont Ventoux. Sogleich beginnt die kleine Straße mit einer gemäßigten Steigung. Die Straße wird breiter und man fährt durch Wald. Pinien? Ich weiß es gar nicht. Ich fahre voll konzentriert. Bisher befinden sich kaum Autos auf der gut ausgebauten Straße. Dafür umso mehr Radfahrer. Es ist eben Volkssport hier. Die ersten rasen schon wieder den Berg runter. Vor jeder Kurve rechne ich damit, dass jemand die Kurve schneidet. Gelegentlich überhole ich Radfahrer, die schwer kämpfen müssen, um die Steigung zu bewältigen. E-Bikes sehe ich hier übrigens nicht. Warum eigentlich nicht? Das wäre den meisten wohl peinlich. Mir wäre es egal, was die Leute denken. Dann sehe ich eine breite Parkbucht. Ich mache hier einen Halt. Genieße den Blick aus der schon beträchtlichen Höhe. Ein Schild, den Pass des Mont Ventoux betreffend, zeigt mit dem Begriff OUVERT an, dass er geöffnet ist. Da habe ich aber Glück gehabt und nicht wenden müssen, denke ich und ertappe mich beim Lachen. Ein ALLEZ, ALLEZ an die Radfahrer, die sich heraufquälen.

Lange fahre ich durch den Wald auf einer gut ausgebauten Straße mit schmalem Radweg. Auf den letzten 5,8 km wird die Straße schmal, und man muss wegen der Radfahrer sehr konzentriert fahren. Und dann - ich hatte IHN fast vergessen, taucht er direkt vor mir nach einer Kurve auf: Der in der Sonne gleißend weiß leuchtende Gipfel des Mont Ventoux. Man fährt zunächst direkt darauf zu, um dann doch noch rechtzeitig links die Kurve für die nächste Drehung um ihn herum zu nehmen. Ich erinnere mich, dass es vermutlich diese Stelle war, an der mein Mann Peter 1987 Probleme bekam. Er sagte mir – später und wieder

unten – er hatte das Gefühl, er müsse auf direktem Weg hochfahren. Er litt unter Höhenangst, die sich offenbar auch in dieser Weise äußern kann. Gedanklich sitzt er jetzt neben mir und hält sich die Augen zu. Wir schaffen das, sage ich zu ihm.

Mont Ventoux. Eine der Königsetappen der TOUR DE FRANCE, also auch meine. Ich hatte das Ziel, an diesem, für mich ganz besonderen Wochenende, am und auf diesem mystischen Berg zu sein - dem Riesen der Provence, dem heiligen Berg. Ich war aufgeregt, aber angstfrei. Ich habe gute Assistenten, eine gute Fee und einen Schutzengel bei mir. Und Nomi. Sowie gedanklich Peter neben mir. Oben angekommen und geparkt will Nomi immer auf die Begrenzungsmauer. Wie ein Kind stelle ich sie drauf, natürlich gesichert. Sie liebt offenbar Abgründe. Völlig angstfrei sieht sie runter. Heute ist Samstag, deshalb sind so extrem viele Radfahrer unterwegs und hier oben. Auch eine Veranstaltung scheint es zu geben. So ähnlich wie LE TOUR, nur ist jene um ein Vielfaches größer. Und - ich muss es mir eingestehen - heute musste ich das gepunktete Maillot gegen ein gestreiftes tauschen: Meine Leistung war nichts gegen die der Radfahrerin, die es hier trägt. Natürlich kann man überall die Shirts kaufen - in gelb, grün, weiß und eben auch das ge-

punktete. Respekt, wer sich das traut diesen Berg mit einem Rad hochzufahren. Ich frage im Routenplaner von Google Maps: Von Malaucène auf den Berg werden 3 ½ Stunden Fahrtzeit genannt, nach unten 1 h 19 min. Mit dem Fahrrad natürlich. Auch Menschen meiner Generation sehe ich hier. Wir gehen herum, genießen die Ausblicke – ja, auch Nomi - setzen uns, gehen weiter. Ich kenne keinen zweiten Berg wie diesen. 1978 sah ich ihn zum ersten Mal, allerdings nur aus der Distanz. Für mich war es einfach ein schneebedeckter Berg am Horizont. Obwohl – ich wunderte mich schon – bei der Sommerhitze noch Schnee? So hoch ist der Berg doch nicht. Erst später erfuhr ich, dass es weißer Kalkstein war, der aus größerer Entfernung an Schnee erinnert. Diese Fläche auf dem Gipfel ist ziemlich ausgedehnt. Inzwischen entdecke ich dieses weiße, längliche Etwas nordöstlich von Carpentras bzw. Avignon sehr schnell auf der Karte – in Satellitenansicht.

Die Temperatur ist angenehm, der Wind ebenfalls. Mons Ventosus (lat.) – Windiger Berg. Heute nicht. Wie schon am Puy de Dôme ist das Wetter nicht so wie das, vor dem gewarnt wird: Kalt und extrem windig. Am Gipfelschild herrscht großer Andrang. Ich entdecke im Getümmel einen Radfahrer, der offensichtlich, wie ich, allein  unterwegs ist. Ich glaube, er ist ein Spanier, dem Akzent nach zu urteilen. Ich frage, ob ich ein Foto von ihm machen soll. Und er dann von mir. Guter Deal, so wird es gemacht. Allerdings müssen wir noch etwas warten, bis wir eine Chance haben. Ich nehme sein Smartphone, mache mehrere Fotos. Anschließend nimmt er meines und fotografiert uns. Danach schlendern wir zurück zum Auto. Es geht an einem Wurststand vorbei. Aber mit einer kurzen Unterbrechung. Nomi ist hingerissen vom Geruch, der ihre Nase  kitzelt und macht sich groß. Aber es reicht nicht, um sich eine Wurst zu schnappen. Wir werfen noch einen letzten Blick vom Berg: Nomi wieder auf der Mauer, ich davor. Dann geht es zurück zum inzwischen gut geheizten

Auto. Kein Schattenbaum existiert hier oben. Erst einmal stelle ich die Klimaanlage aus und öffne alle Fenster. Der Fahrtwind ist sehr erfrischend. Cabrio-Feeling zur Abwechslung.

Runter kommen sie alle. Ich auch. Ohne Probleme. Und links am Ende der Abfahrt sehe ich ein Restaurant mit großem Parkplatz. Wie schön, denn ich habe Hunger. Beim Aussteigen entdecke ich eine 20 Cent-Münze im getrockneten Schlamm einer ehemaligen Pfütze. Sie wird ein Souvenir dieses für mich so besonderen Tages. Mein Traum, mein Wunsch hat sich erfüllt. Und auch wenn Peter den Berg lieber von unten sah, so war dieser immer wieder ein Thema bei uns. Nun aber möchte ich essen. Hoffentlich gibt es hier nicht nur Pommes und Burger. Ich möchte authentische Küche - et voilà: AÏOLI steht auf der Tafel. Das ist nicht nur die berühmte Knoblauch-Mayonnaise, sondern hier im Süden ein Gericht. Es besteht aus verschiedenen Gemüsesorten wie Blumenkohl, Kartoffeln, grünen Bohnen und Karotten, Kabeljau und hartgekochten Eiern. Dazu – und das verleiht dem Gericht die Würze – die berühmte Knoblauchpaste. Ich lernte es 2011 in Nizza kennen. Zufällig kam damals an einem verregneten Sonntag die letzte Etappe der kleinen TOUR, Paris-Nizza, an. Ich flüchtete vor der Ankunft in ein Restaurant in der Altstadt. Nach kurzer Information sagte ich dem Kellner, dass ich essen möchte, was fast alle aßen, und bekam dieses köstliche Gericht. Erst später sah ich, dass es Aioli heißt. Übrigens, Gesamtsieger wurde Tony Martin, von dem ich vorher  nichts gehört hatte, später allerdings schon. Und hier, am Fuße des Mont Ventoux, noch ein Zufall: Begegnung mit Niederländern und deren Hund – ein Großer Münsterländer. Unser erster Hund 1986.

Nun habe ich gegessen und genieße den Moment unter Platanen, und den nächsten … Mir wird wieder klar: Träume MUSS man leben und nicht warten. Bald kann man tot sein oder, noch schlimmer, nicht mehr in der Lage, sie sich zu erfüllen. Ich glaube, ich bin heute der glücklichste Mensch auf diesem Planeten.

Zurück auf den Campingplatz. Auf den Stuhl, der fast eine Liege ersetzt. Ich döse zunächst, denke an Peter. Vor einem Jahr lag er im Sterben. Ich empfinde Trauer. Gerade fehlt er mir wieder sehr. Ich weiß, dass es ihm hier auch sehr gut gefallen würde. Und er findet gut, was ich mache. Er hätte nicht gewollt, dass ich mich verkrieche und keine Freude mehr am Leben habe. „Mach doch". Gerade in den letzten Jahren sagte er dies oft zu mir, wenn ich mir etwas wünschte. Ich gönnte mir kleine Auszeiten. Und er blieb mit dem Hund zuhause. Zum Glück gab es aber auch viele schöne gemeinsame Reisen. Die letzte führte uns im Herbst 2018 an die Mosel, wo wir mit dem Hund Bonsai, auch ein Schipperke, Radtouren am Flussufer machten. Beide leben nicht mehr. So ist das Leben. Alles ändert sich – ständig.

Dann lese ich das Buch über eine Wanderung mit einem Esel weiter – von München bis ans Mittelmeer. Was für eine Leistung. Ich fahre praktisch nur mit dem Auto. Für mich ist das allerdings auch eine Leistung. Wanderungen kann ich mit meinem gecrashten Fuß leider nicht machen. Der Nachmittag verläuft ganz ruhig, unterbrochen von kleinen Spaziergängen jenseits der Straße und am Wasser. Essen muss ich nichts mehr, Nomi schon. Es ist ruhig, nur das Wasser der Ouèze rauscht.

Abends setze ich mich mit einem Glas Rosé unter die Platanen. Ich wünschte, Peter wäre bei mir. Wir würden uns über die Erlebnisse des Tages unterhalten, unsere weiteren Pläne – über so vieles. Es wäre für mich heute viel schmerzhafter gewesen, zuhause allein bei einem Glas Wein zu sitzen und über die Vergangenheit nachzudenken. Dadurch, dass ich hier in der Provence bin, neben der Trauer auch das große Glück erlebe, wird manches leichter. Ich lebe nicht in der Vergangenheit, ich lebe den Moment. Wobei natürlich auch die Vergangenheit ein Teil von mir ist und nicht verdrängt wird.

Nachts im Zelt höre ich das Wasser des Flusses rauschen, was mich bald einschlafen lässt.

Tag 8 – Sonntagsausflug nach Crestet

Sonntag, 18.6.23

Ein Sonntagsausflug nach Crestet. Dieser Geheimtipp ist der Lohn eines umfangreichen Excel-Auftrages neben einer großzügigen Spende für ein Sri Lanka-Projekt. Ich bin sehr dankbar dafür – für beides. Dieses Dorf hatte ich schon am Berg kleben sehen. Heute geht es mir nicht darum, schnell unterwegs zu sein, sondern auch die Fahrt durch die Landschaft zu genießen. Also wählte ich in meinem Navi wieder die kürzeste Route. Und so fuhr ich über kleine Straßen, Schotterwege mit halbgetrockneten Pfützen und Bewuchs in der Mitte, der meine Autosensoren zu eifrigem Piepen veranlasste. Am Rand dann Esel auf

einer Weide. Ich liebe Esel, hatte selbst mal einen – oder genauer gesagt, mein Mann. Ich hielt, aber leider kam keiner an den Zaun. Offenbar waren sie satt. Spätestens jetzt hätte ich gewarnt sein müs-sen. Ich näherte mich Crestet, und ich sah die Häuser über mir am Berg. Die Straße wurde schmaler und schließlich zu einem Eselspfad. Dazu kam eine enge Haarnadelkurve, Schotter, Steigung. Ich hänge fest. Ich hatte etwas vom Offroad-Modus im Handbuch des Wagens gelesen. Ich drücke die entsprechende Taste. Im Display leuchtet die Funktion auf. Im dritten Anlauf kriege ich die Kurve – im eigentlichen Wortsinn. Nun hat mein erstes (!) eigenes Auto einen Namen: Jonny. So heißt der Esel in einem wunderbaren Buch, das ich gestern Abend zu Ende gelesen habe. Eine 25-Jährige wagt nach dem Tod ihres Vaters den Sprung ins Ungewisse. Auch sie zeigt, dass man seine Träume leben sollte. Nicht warten, es könnte irgendwann zu spät sein. Selbst wenn man noch jung ist.

Lotta Lubkoll: Wandern, Glück und lange Ohren. Mit Esel Jonny zu Fuß von München bis ans Mittelmeer.

Mein „Esel" ist ein Auto. Ich bin 50 Jahre älter, habe vor einem Jahr meinen Mann verloren, mein Leben neu geordnet. Aber auch ich habe meine

Ängste überwunden. Nun befinde ich mich allein mit Hund und Zelt sowie guter Technik auf einer Tour de France. Ich mache Dinge, die ich mir vor einem Jahr niemals zugetraut hätte. Ich erfülle mir meinen Traum von Frankreich, insbesondere der Provence. Ich habe nicht gewartet. Machen – nicht warten. Das ist mein Motto.

Es waren nur noch wenige Meter, noch eine letzte Kurve, und ich kam im mittelalterlichen Crestet an. Mir reichte ein kleiner Parkplatz, für meinen Jonny benötige ich keine Wiese zum Grasen, später allerdings eine Tankstelle. Mit Nomi schlenderte ich durch die schönen Gassen. Ein wunderschöner Ort, in dem es immer wieder neues zu entdecken gibt: Kirche, Brunnen, ein alter Waschplatz. Pflanzen wachsen auf den Dächern in den typischen Farben der Provence. Oleander wagt sich um die Ecke, Mauersegler machen wahnwitzige Flugmanöver am Himmel, ein Turmfalke steht in der Luft. Vielleicht wohnt er am Kirchturm. Das alles interessiert den Hund nicht, wohl aber die neuen Gerüche am Boden. Es sind kaum Menschen zu sehen und ich frage mich, ob alle Häuser bewohnt sind. Immer wieder hört man davon, dass Dörfer zunehmend verwaist sind, nicht nur in Frankreich.

Es ist 12 Uhr und ich stehe plötzlich vor einem Restaurant. Dieses hatte ich im Internet schon gesehen. Kein Sonntagsausflug ohne gutes Essen. Ich gehe hinein und frage nach der Terrasse. Habe ich reserviert? Nein. Und ja: Ich bin allein mit Hund. Es ist noch früh und darf deshalb über die Treppe von  innen nach oben auf die Terrasse gehen, die im Grunde ein großer Balkon ist. Ich ergattere noch einen Platz an der Brüstung. Es folgt, nachdem ich die Speisekarte erhalten habe, das übliche: Nomi bekommt eine Schale mit Wasser, ich eine Flasche und ein Glas. Ich wähle heute einen Salat mit Forelle von der Ardèche. Als Dessert Lavendeleis. Es ist sehr heiß heute, aber wieder sitze ich angenehm im Schatten. Von hier oben habe ich eine perfekte Fernsicht. Vor mir der Mont Ventoux mit seinem weißen Cap und der hohen Antenne. Unten kleine Ortschaften, Obstbäume, Weinfelder. Ich genieße das Essen und überhaupt jeden Moment hier oben. Das Leben kann so schön sein.

Die Terrasse füllt sich und wir machen Platz für die nächsten Sonntagsausflügler. Zurück geht es diesmal auf einer befestigten Straße. Unten werden Kirschen verkauft. Ich hole mir eine Schachtel. Auf dem Campingplatz liegen wir im Schatten, Nomi auf dem Boden, ich halb und halb – auf Stuhl und Boden. Nur das Solarpaneel hängt, nachdem es gedreht wurde, wieder in der Sonne und lädt die Powerbank auf.

Gestern Nachmittag war gegenüber ein Paar mit einem Camper angekommen. Als ich später am Abend aus dem Waschhaus kam, werde ich angesprochen. In einem Dialekt, den ich nicht spontan erkenne – jedenfalls passt er nicht zum Münchner Kennzeichen des Wagens. Ich werde aufgeklärt: Die beiden kommen aus Linz. Und sie loben Nomi, die entspannt am Zelt lag, während ich weg war. „Ein toller Hund - wachsam und lieb." „Hat sie gebellt"? „Nein, aber sobald jemand kam, saß sie und spitzte die Ohren".

Zunächst unterhalten wir uns von hier nach drüben - über den Weg, dann laden sie uns ein. Ein dritter Stuhl wird aufgestellt. Nomi binde ich mit mittellanger Leine an. Wir duzen uns gleich und stellen einander vor. Laura fragt, ob der Hund das Paté-Glas auslecken darf. Am Boden liegend kann es nicht zerbrechen und so ist der Hund gut beschäftigt, während wir uns unterhalten. Dieter meint, ich hätte ein gutes Auto – mit super Assistenten. Ich wundere mich und kann das natürlich nur bestätigen. Ich erzähle kurz von meinen anfänglichen Bedenken allein zu reisen. Warum er ausgerechnet über die Assistenten spricht erklärt er mir mit seiner Arbeit. Er ist maßgeblich an deren Entwicklung im VW-Konzern verantwortlich. Ich registriere seine Enttäuschung, als ich auf seine Frage „Diesel oder Benziner"? mit letzterem antworte. Die richtige

Antwort wäre Diesel gewesen. Und Laura – sie ist „verantwortlich" dafür, wenn Ärzte und deren Patienten die Krebsdiagnose erhalten: sie macht histologische Untersuchungen. Welche verrückten Zufälle – ausgerechnet an diesem Wochenende. Wir unterhalten uns natürlich über das Reisen, Frankreich, die Provence und das Zelten. Sie erzählen, dass sie zuvor an der Ardèche waren. „Vermutlich dort", sage ich - und lade ein Foto von Vallon-Pont-D'Arc aus meiner Cloud. Dieses Bild war ein Dia, das ich vor vielen Jahren digitalisiert habe. 1978. DAS Ziel an der Ardèche. Dieter sagte spontan: „1978? Damals habe ich meine Matura gemacht." Tatsächlich waren sie vorher am gleichen Ort. Diesen Teil der Ardèche habe ich abgehakt. Umso schöner war der Geheimtipp aus dem STERN: Balazuc.

Wir trinken kühlen provenzalischen Rosé-Wein. Zwischendurch muss ich verschwinden. Als ich wiederkomme, loben sie Nomi erneut, dass sie auf SITZ und PLATZ reagiert hat und ganz entspannt war. Ich freue mich, dass ich einen so guten Reisehund habe. Laura erzählt von ihrer 76-jährigen Mutter, die seit dem Tod ihres Mannes relativ lethargisch und zurückgezogen lebt, trotz recht guter Gesundheit. Sie bewundern meine Unternehmungslust und das angstfreie Nutzen der Technik. Erst in den letzten Monaten ist mir klar geworden, dass dies gar keine Frage des Alters ist. Auch Jüngere sind nicht unbedingt neugierig und nutzen die sinnvolle Technik nur wenig. Gerade die praktischen Apps, die den Alltag und Urlaub erleichtern, sind teilweise unbekannt. Sie erzählen mir, dass sie 2 Kinder haben und einen großen Hund. Der allein würde den Camper allerdings schon halb füllen, weshalb er zuhause von den Kindern betreut wird. Gegen 23 Uhr, es ist dunkel, fängt Nomi an zu fiepen. Ich überlege, was los ist. Nach dem Blick auf die Uhr weiß ich es. „Das Kind muss ins Bett", sage ich. So spät gehen wir selten schlafen. Wir verabschieden uns und gehen rüber. Das Zelt ist noch nicht ganz geöffnet, da ist sie auch schon drin. Sie muss noch einmal raus, denn wir müssen beide noch etwas zu erledigen. Anschließend kriechen wir beide in unsere Betten. Und schlafen schnell ein.

Tag 9 – Ockerstatuen

Montag, 19.6.23

Gestern dachte ich noch heute wäre ein Faultag, also ein Tag ohne große Aktivitäten. Davon habe ich  zuhause definitiv zu wenige. Angedacht war, mittags zum Essen über die römische Brücke zu Saint Hubert. Ansonsten – lesen – kleine Spaziergänge. Aber ich werfe einen Blick in die Geocaching App. Auf das Suchen einer Dose habe ich keine Lust, aber ein Earth-Cache fällt mir auf. Dazu noch ein witziger Name: Les Demoiselles Coiffées. Junge Damen mit Frisuren? So wird es mir übersetzt. Da ich Chemie, Geologie und die Natur liebe, konnte ich nicht widerstehen. Ich tippte den Ort direkt auf meinem Smartphone ein und startete die Route. Wie konnte es anders sein, führt mich wieder ein Pass über Berge. Die Straße ist relativ schmal. Radfahrer sind unterwegs, Wohnmobile. Es wird teilweise eng. Oben ein Parkplatz. Dort mache ich eine kleine Pause und genieße die kühlere Luft sowie den Blick. Dann geht es wieder runter. Gelegentlich stoppe ich in einer Bucht, um andere vorbeifahren zu lassen. Die Franzosen müssen arbeiten. Sie sind froh, die Urlauberin los zu sein. Unten an Obstbäumen vorbei – Kirschen, Aprikosen, Pfirsiche. Dann geht es auf einen schmalen Feldweg. Ich nähere mich dem Ziel. Eine kleine Parkbucht sehe ich nicht nur in der Satellitenansicht der Karte, sondern auch ganz analog irgendwann auf der rechten Seite. Aber ich sehe sonst nichts - außer Pinienwald. Wir folgen in der Hitze dem Weg und gehen in den Wald hinein. Es wirkt alles völlig normal. Ein Wald eben. Nichts Besonderes. Aber plötzlich sehen wir gelbe, orangene und rote Felsen vor uns. Auf dem Weg Sand wie am Strand, kaum gefärbt. Noch sind wir nicht am Ziel. Dann sehen wir die Damen mit und ohne Haar. Sie stehen dort wie Statuen in ihrem Ocker-rot, kleine, mittlere und eine große mit einem „Mützenschirm" von etwa 60 cm Tiefe. Die großen Ockerfelsen im Roussilon hatte ich in den 1970-er Jahren bereits gesehen. Ocker wird als Pigment in der Malerei verwendet. Auch von Gauguin und van Gogh, die in der Provence lebten und arbeiteten. Diese durch Erosion entstandenen STATUEN sind wirklich beeindruckend. Duft, Vogelgezwitscher, Einsamkeit. Ich gehe herum, beantworte die gestellten Fragen: wie viele … wie groß … und schicke diese über die Geocaching App ab. Dazu logge ich in der App mit einem Beweis-Foto, dass ich sie gefunden habe. Und der Mont Ventoux, zu dessen Füßen wir uns befinden, beobachtet uns. Ich genieße die Atmosphäre noch ein wenig. Mitten im Wald versteckt dieses Wunder der Natur. Ich habe kein Hinweisschild gesehen. Und ganz anders als im Roussilon – kein Mensch weit und breit. Auf dem Rückweg werden wir allerdings von Radfahrern überholt, die mit Mountainbikes unterwegs sind.

Im Auto, das in der Sonne stand, ist es – wieder einmal – sehr heiß. Durchzug und losfahren. Les Baux befindet sich in der Nähe, das sehe ich auf der  Karte im Smartphone. Nach diesem Ort ist übrigens Bauxit benannt, das Erz, aus dem Aluminium gewonnen wird. Hier fand man es zuerst. Heute gewinnt man es aber in Australien und anderen Ländern. Ockergelb, bauxitrot sind die Häuser und Dachpfannen. Zypressen, Olivenbäume und DER Berg. Ein schöner Ort. Mittagshitze. Im Schatten sitzen und ganz im Moment sein. La vie est belle.

Aber es geht zurück. Der heilige Hubert wartet mit hoffentlich gutem Essen auf mich. Erneut fahre ich über den Pass. Jonny macht sich gut. Abwärts rasende Radfahrer schneiden teilweise unübersichtliche Kurven. Unten gibt es Kirschen. Ich habe noch einen Rest von gestern. Im Radio Bleu Vaucluse gibt es Musik, unterbrochen von Erzählungen übers Essen. Natürlich auch Rezepte. Ich verstehe jedes Wort, denn gutes Essen hat für mich eine große Bedeutung. Ein schöner Kreisel und weiter geht es in den Ort Entrechaux, der sich zu meinem Campingplatz verhält, wie Rehhorst zu meinem Wohnort. Ins Restaurant St. Hubertus

- Saint Hubert. Plat du jour steht auf der Tafel. Ich nehme es unbesehen. Aber die Bedienung erzählt mir ungefragt, was es gibt. PINTADE - Perlhuhn - am Montag. Ich lebe, wie eine Déesse in Frankreich. Nomi bekommt, wie ich, unaufgefordert Wasser. Ich ergänze um alkoholfreies Bier. Es sitzt sich angenehm im Schatten. Unangenehm ist nur der dauernd bellende Dackel am Nebentisch. Er zerrt dazu auch noch ständig an der Leine. Irgendwann gibt er glücklicherweise auf. Das Essen schmeckt, auch der Salat. Dann möchte ich bezahlen – mit Karte. Aber ich zahle ja gar nicht damit, sondern indirekt über das Smartphone. Das Lesegerät des Restaurants benötigt tatsächlich die echte Karte. Pardon, ich muss zum Auto. Nomi liegt angebunden unter dem Tisch. ? Der Dackel. Kann ich es wagen, oder wird es Stress zwischen den Hunden geben? Mut zur Lücke, sage ich mir. Und gehe zum Parkplatz, etwa 50 m entfernt, um die Karte zu holen. Als ich zurückkomme, liegt mein Hund noch an seinem Platz. Ich staune immer wieder, wie gut es funktioniert. Denn Nomi ist ein Schipperke und damit lebhaft und neugierig. Erst nach dem Bezahlen stehen wir gemeinsam auf und gehen zum Wagen. Die Karte landet vorher noch vorne in meinem Täschchen, das ich immer bei mir habe. Für ähnliche Fälle.

In wenigen Minuten sind wir wieder auf dem Campingplatz. Ab jetzt wird nur noch gefaulenzt, unterbrochen vom Kirschennaschen, Hund füttern und notwendigen Gängen.

Tag 10 – Markttag in Vaison-la-Romaine

Dienstag, 20.6.23

Wir fuhren bereits um 8:30 Uhr los. Am Abend habe ich noch einen kostenlosen Parkplatz gesucht und im Navi gespeichert. Dort war zu dem Zeitpunkt der Ankunft - etwa 8:45 Uhr - noch viel Platz, aber die Autokarawane folgte mir schon. Während der Ferien? Gruselige Vorstellung. Ich bin so froh, dass ich jetzt außerhalb der Hauptsaison unterwegs sein kann. Ich ließ mir den Weg, zunächst zur berühmten römischen Brücke, ins Ohr flüstern – vom Smartphone über Bluetooth direkt in die Hörgeräte. Rucksack auf dem Rücken, Handtäschchen mit dem Universalgerät umgehängt. Schnell geht es unterwegs noch zum Geldautomaten. Denn wenn ich anschließend über den Markt schlendern werde, kann ich wohl kaum widerstehen können, etwas zu kaufen. Obwohl ich von zuhause weiß, dass man teilweise auch an Marktständen mit Karte zahlen kann, möchte ich es lieber nicht ausprobieren. Dann erreiche ich die Römische Brücke. Es ist die Brücke aus meiner Collage, die ich im April erstellt habe. Die zweite Brücke hier dieser Art, nur größer. Aber schließlich war die Provence einst Römische Provinz, woher sich auch ihr Name ableitet. Ein beliebtes Fotomotiv. Und ein großer Bezahl-Parkplatz

ganz in der Nähe. Der sah schon gut gefüllt aus. Natürlich mache auch ich ein Beweis-Foto. Dann gingen wir runter und blieben unten am Wasser etwas sitzen, genossen die Ouèze, an der auch unser Campingplatz liegt. Nomi trank etwas Wasser. Erst nach der kleinen genussvollen Pause sind wir gemütlich über den Markt geschlendert. Dienstags von 8-13 Uhr ist Markt in allen Straßen, Gassen und auf allen Plätzen der Altstadt. Ein Ereignis. Vor 45 Jahren war ich schon einmal hier. Die Atmosphäre ist kaum zu vermitteln. Man muss es sehen, riechen, hören und fühlen. Ich habe jeden Moment genossen. Nomi in ihrem pinken Stadt-Outfit entzückte viele, wurde oft gestreichelt. Mehrere Male erklärte ich, dass sie KEIN Spitz sei. Einmal musste ich Schipperke sogar buchstabieren. Das Angebot an Lebensmitteln zeigt fast nur regionale Produkte: Aprikosen, Pfirsiche, Kirschen, Tomaten in allen

Farben, Artischocken und - bergeweise Knoblauch zu Zöpfen gebunden. Hoffentlich begleitet mich während der weiteren Reise nun kein Knoblauchgeruch. Denn ich kaufe einen Zopf aus 10 Knoblauchzwiebeln. Der Lavendel, den ich auch erwarb, wird schon gegen an duften. Seifen, Produkte aus Olivenholz, Schmuck, Kleidung, Schuhe und Matratzen. Eingelegte Oliven, Käse, luftgetrocknete Würste, Cavaillon-Melonen - Paella zum Mitnehmen ... Eine Händlerin, deren Schmuckstand mit einem bodentiefen weißen Tuch bedeckt war, sorgt sich, dass Nomi das Bein hebt. Ich beruhige sie mit den Worten, dass sie eine chienne, eine Hündin, sei. Das erkenne man auch schon am pinken Outfit. (Achtung: Vorurteil) Ich stand dort, um eine einfache, aber schöne Kette zu kaufen. Mein gestriges Motto: La vie est belle - Das Leben ist schön - gilt auch hier. Und es steht auf bunten Taschen. Dabei kommt es mir vor, ich hätte diesen Slogan erfunden.

Ein Platz mit Verkaufsständen - umringt von vielen Cafés und Restaurants. Kaffeepause. Und ein dringend notwendiger Besuch der Toilette. Ein kleiner runder Tisch mit einem Stuhl neben einem zweiten Tisch war noch frei. Dort durften wir sitzen. Bei dem Getümmel hier war ich unsicher, ob ich so spontan Nomi angebunden am Bistrotisch lassen konnte. Also fragte ich den Herrn, ob er Nomi halten könne. „Oui". Als ich wiederkam, waren sie schon ziemlich beste Freunde. 3-sprachig unterhielt ich mich mit den freundlichen Menschen aus der Schweiz. Monika (wieder ein Zufall) aus dem deutschsprachigen Teil, Jean-François (Hans-Friedrich) oder – diese Variante fand er am besten - Giovanni-Francesco - aus dem französischen Teil. Zuerst siezten wir uns natürlich. Da wir etwa einer Generation angehörten, kamen wir auch auf 1968 und die damaligen Vorstellungen der rebellischen Generation zu sprechen. Wir glaubten, die Welt verändern zu können. Zumindest die Muffigkeit der frühen 60-er Jahre nahm ein Ende. Nie wieder Krieg. Erfahrungen meiner Eltern, der Vater im Krieg und russischer Gefangenschaft, meine Mutter aus Danzig geflohen. Nie wurde dieses Trauma der Eltern aufgearbeitet. Und nun der Krieg in der Ukraine. Die 68-er Generation ist jetzt zu einem großen Teil für die Waffenlieferungen. Alles ändert sich im Laufe der Zeit, im Laufe des Lebens. Aber natürlich war auch Musik ein wichtiges Thema für uns. Schließlich die Schönheit der Provence. Nach etwa 1 Stunde musste ich mich aufraffen weiterzugehen. Schließlich endet der Markt gegen 12 Uhr. Dann werden die ersten Händler mit dem Abbau beginnen, bis er um 13 Uhr nur noch Erinnerung sein wird. Ich hatte mich mit den beiden Schweizern bestens unterhalten. Sie übernahmen sogar die Bezahlung meines Kaffees. Merci vilmal.

Ich kaufte weiter ein. Oliven müssen sein, verschieden eingelegte Sorten, auch scharfe. Der junge Mann sah Nomi an und sagte: „Un chien bateau“. Fragte nach der Rasse. „C'est une race belge, un Schipperke“. Er strahlte und Nomi ließ sich bereitwillig streicheln. Ich begann langsam ein Restaurant zu suchen. Unterwegs ein Stand mit leichten Sommerkleidern. Spontan entschied ich mich für ein gelbgemustertes Leinenkleid. Laut Etikett ein Produkt des nahen Italiens. Ich kaufte es, ohne es anprobiert zu haben. Der Rucksack füllte sich und wurde immer schwerer. Ich bog in eine Seitenstraße ein und ging dort auf die Terrasse eines Restaurants direkt gegenüber dem Rathaus. Tatsächlich fand ich noch einen Platz. Plat du Jour. Was sonst. Heute Couscous. Lecker. Das wird im Süden Frankreichs gerne gegessen. Hier zeigt sich der Einfluss Nordafrikas. Schließlich leben inzwischen viele Menschen und deren Nachkommen aus den ehemaligen Kolonien in Frankreich. Ich hatte zwar vegetarischen Couscous bestellt, bekam aber einen mit Lamm. Egal. Ich bin flexibel. Es war außerdem auch gut für Nomi. Ein kleines Stück holte ich scheinbar aus der Leckerli-Tüte, denn es gibt nichts vom Tisch. Grundsätzlich! Den Knochen packte ich anschließend in die Tüte. Für später. Zurück ging es über den ersten Marktplatz, der inzwischen wieder Parkplatz und voller Autos war. Dann erreichte ich das Auto. Den hübschen, mit blühendem Lavendel bewachsenen Kreisel konnte ich noch vor der Rückfahrt fotografieren. Es ist inzwischen etwa 30°C heiß. Aber ich habe diesen Vormittag unendlich genossen. Jeden Moment. Wieder ging einer meiner Träume in Erfüllung. Wieder ein Tag voller Glücksmomente.

Die Österreicher sind weitergefahren. Jetzt steht mir gegenüber ein alter Camper mit junger Familie. Ich mache wie üblich am Nachmittag Siesta, schreibe Tagebuch, lese. Nomi bekommt ihr Futter, wir gehen spazieren.

Am Abend baten mich die jungen Leute mit Nomi rüber. Sie kommen aus Avignon. Sie – Claudine - ist Zahnärztin, er – Alain - Softwareentwickler. Die Tochter Josy ist knapp 3 Jahre alt. Wir teilen die angebotenen Salzmandeln und meine Oliven miteinander. Die Tochter, die eigentlich Oliven liebt, mag die von mir gekauften nicht – zu hot. Wir führen gute Gespräche in 2 Sprachen – Englisch und Französisch - oft in einem Satz kombiniert. Das Mädchen

hat keine Angst vor dem Hund. Dann ist auch alles gut. Sie ist ruhig auf Nomi zugegangen. Und Nomi war ganz entspannt und ließ sich gerne verwöhnen. Immer wieder stelle ich fest: ein Hund ist ein Türöffner. Sie luden mich sogar noch zum Essen ein – Pasta Carbonara. Aber ich hatte genug gegessen an diesem Tag und bedankte mich. Ich musste mir noch ein Zimmer suchen. Außerdem wollte ich die junge Familie auch allein den Abend weiter genießen lassen.

Ich sitze im Zelt und sehe zunächst in die Wetter-App. Morgen soll es hier mit geringer Wahrscheinlichkeit regnen. Im Westen/Nordwesten allerdings mit Sicherheit. In den nächsten Tagen soll es dann dort auch wieder trocken sein. Etwas weiter im Süden ist die Regenwahrscheinlichkeit noch geringer als hier. Also werde ich morgen nach Apt fahren, was mir empfohlen wurde auf der Wanderung, auf der mein rechter Fuß crashte. Zur Sicherheit suche ich ein Hotelzimmer. Ich suche mit den üblichen Begriffen: Datum, 2 Nächte, 1 Person, Haustier erlaubt, Parkplatz, Frühstück und finde ein Hotel-Appartement. Buchen, fertig. Die Bestätigung kommt nach wenigen Sekunden. Beruhigt schlafe ich ein.

Tag 11 – Flucht nach Apt

Mittwoch, 21.6.23

Wieder habe ich, begleitet vom Rauschen der Ouèze, gut geschlafen. Dann die übliche mühselige Prozedur, um aus dem Zelt auf die Füße zu kommen. Es ist bedeckt. Ich sehe dunkle Wolken am Himmel. Das ist sehr ungewohnt. Die Morgentoilette für Hund und Mensch ist erledigt. Und es fängt tatsächlich an zu regnen. 50% Regenwahrscheinlichkeit heißt eben nicht, dass es nicht regnen wird. Mit dem Stuhl, den ich schon herausgeholt hatte, setze ich mich ins Zelt und lese. Der Schauer dauert nur wenige Minuten, reicht aber, um das Zelt auf Wasserdichtigkeit zu überprüfen. Es besteht den Test. Das staubige Auto wurde nicht etwa gewaschen, sondern sieht nun richtig schmutzig aus. Es erinnert mich ein wenig an die Rallye Paris-Dakar. Dann geht alles den üblichen Gang: Ich setze das Kaffeewasser auf den Kocher, hole mein Frühstück von der Rezeption, füttere den Hund. Heute wieder Tütchenfutter. Das Nassfutter bekommt sie wegen der Wasserversorgung immer an Reisetagen. Und es ist nur ein Tütchen, keine Dose, die wieder zu verschließen ist. Leider produziere ich so etwas mehr Müll.

Das Zelt ist fast getrocknet. Zuerst der Kampf mit der Matratze. Auch beim Aufrollen und Luft herausdrücken bemerke ich erneut das Fuß-Handicap. Er kann nicht abrollen, was die Arbeit sehr erschwert. Aber ich hab's irgendwann geschafft. Das noch etwas feuchte Zelt, der Stuhl. Alles wird verpackt und kommt ins Auto – nach 5 Tagen. Ich hätte es hier noch länger aushalten können. Aber wer eine Frankreichrundfahrt in 3 Wochen machen möchte, kann sich nicht zu lange an den Etappenzielen aufhalten.

Dann der Blick auf die Karte und mögliche Route, die ich wie immer mit Hilfe meiner mobilen Daten und gutem Empfang über das Smartphone ansehe. Abbaye Notre-Dame de Sénanque lese ich und sehe ein Foto dazu. Dieses Bild befindet sich auf dem Titel des Buches, das ich neben vielen französisch inspirierten Geschenken vor 11 Jahren vom Kollegium

zur Pensionierung erhielt. Ich gebe zunächst dieses Ziel ein, denn nach Apt ist es nicht allzu weit und das Check In ist um 15 Uhr.

On the road again ... der Song von Canned heat (1968) taucht in meinem Kopf auf. Ich singe während der Fahrt Richtung Süden laut. Kurzer Stopp. Ich sehe ein kleines Schild mit einem Esel, auch eine eingezäunte Weide. Weder sehe noch höre ich einen. Schade. Hier werden Eselswanderungen angeboten. Man kann nicht alles haben, denke ich zum wiederholten Mal: Deshalb - Go Jonny, go.

Abbaye Note-Dame de Sénanque. Habe ich etwa gedacht, nur ICH hätte die Idee? Und das Kloster liegt etwa 380 m hoch. Das war mir gar nicht klar. Die relativ schmale Straße im Gebirge ist schon ziemlich gut gefüllt, der Parkplatz erst recht. Auch 2 Busse stehen schon dort. Wieder denke ich an die Ferienzeit. Wie sieht es dann aus? Chaotisch vermutlich. Ich habe ein Beweisfoto gemacht und bin dann ganz schnell wieder weggefahren. Der Lavendel hier oben am Berg ist noch nicht voll erblüht. Ich werde genießen, wenn ich mir das Foto später ansehe. Hier gelang es mir nicht, denn ich stand im Halteverbot.

Unterwegs, in der Mittagszeit, mache ich in einem Wald auf etwa 750 m Höhe Pause. Mein Plat de Jour ist heute eine Melone Cavaillon. Sehr lecker und erfrischend. Wir befinden uns im  Schatten und genießen die frischere Luft hier oben.

Ich nähere mich meinem Ziel. Die letzten Meter in Apt machen Probleme. In meinem Navi existiert die Hausnummer des Hotels nicht. Also verwende ich Google Maps, wo ich direkt auf das Hotel getippt und ROUTE gewählt hatte. Ich fahre einmal herum - Einbahnstraßen. Dann wähle ich eine andere, bin weiter oben und schließlich richtig. Wenn Straßen auf der Karte dicht zusammenliegen, sich aber auf verschiedenen Ebenen befinden, kann es schwierig werden. Aber schließlich ist es vollbracht. Ich bin in Apt im Departement Vaucluse angekommen, in dem auch Avignon liegt. An der Reception erhalte ich einen Code für die Schranke und einen zweiten für den Hoteleingang gegenüber. Ich lade das Gepäck aus und parke das Auto in der Garage auf dem Gelände. Da die Zimmer des Hotels ausgebucht waren, wählte ich ein Appartement im Nachbargebäude. Welch ein Luxus. Aus dem Koffer nehme ich die große Hundedecke, die bisher als Schlafkissen gedient hat. Jetzt lege ich sie übers Sofa. Sofort springt Nomi drauf. Das kenne ich. Zuhause hat sie auch eine Sofahälfte, auf der die Decke liegt. Sie wird darauf schlafen, das ist klar. Ich mache mir einen Kaffee mit der kleinen Maschine, die auf einem Tresen steht. Im Nordwesten Frankreichs, wohin ich ursprünglich wollte, toben noch Gewitter.

Dann ist es Zeit für einen Hundegang. Gefüttert wurde Nomi bereits. Gegenüber sehe ich den kleinen Park, den ich bereits in der Satellitenansicht der Karte entdeckt hatte. Darauf achte ich immer bei der Zimmersuche. Aber jetzt gehe ich weiter über die große Straße. Eine kleine Zufahrt, unten verwildertes Grün - perfekt, wenn man einen Hund hat. Erst am nächsten Tag werde ich das Schild in Augenhöhe für LKW-Fahrer „Ocres de France" sehen. Ocre - Ocker – das muss ich nicht übersetzen, das sehe ich. Durch den Hund lande ich an der Ockerfabrik. Nomi hat Stil und legt eine Wurst der Ockerfarbva-riante gelbbraun in den maisgelben Ockerstaub vor der Fabrik. Ocker ist nicht nur der gelbbraune Farbton, der gerne in Kreuzworträtseln nachgefragt wird, es sind mineralische Pigmente, die in den Varianten gelb, orange, rot und sogar ins Violette gehend, erhältlich sind. Man verwendet sie für Farben, sei es Aquarell, Wachs, Öl oder Acryl. Auch in der Kosmetik. Das Colorado Frankreichs, wo der Abbau erfolgt, ist ganz in der Nähe.

Dann gehen wir zur Straße, der wir Richtung Innenstadt folgen. Es ist warm und ich trage das leichte Leinenkleid, das ich in Vaison-la-Romaine auf dem Markt gekauft habe. Ohne Anprobe. Es passt. Dazu, leider überhaupt nicht passend, meine alten ausgelatschten Sneakers mit Einlagen. Im rechten Schuh immer noch die harte Sohle, die mir weiterhin einen eher stampfenden Gang aufzwingt. Am ersten Restaurant, das wir erreichen, sehe ich Aktivitäten aus einem kleinen Transporter heraus. Man räumt etwas auf die Terrasse. Ich gehe weiter, höre Musik und bin schließlich auf dem zentralen Platz. Eine Bühne gibt es dort mit einer Musikgruppe. Gute Stimmung herrscht hier an diesem Sommerabend. Die Tische der Restaurants ringsum sind alle reserviert. Die Stadt ist voller Livemusik wird mir jetzt bewusst. Nachdem ich kurze Zeit auf einer Bank gesessen habe, geht es weiter durch belebte autofreie Gassen. An der Kirche vorbei erreiche ich einen kleinen Platz mit weiteren Restaurants. Die Innenstadt scheint zur Hälfte aus Restaurants zu bestehen, so mein Eindruck. Ich sehe mich um und kann tatsächlich an einem kleinen Tisch Platz nehmen. Ich gönne mir den ersten Pastis in Südfrankreich. Allerdings passt dieser nicht ganz in die Ocker-Farbpalette gelb, orange, rot, rosa. Zu blass, das Gelb. Und nun habe ich Hunger. Zum Diner wird es pulpo geben. Den hatte ich bestellt. Dachte ich jedenfalls. Irgendwie hat man wohl den Überblick verloren. Ich sehe bei dem jungen Paar nebenan Anchovis auf gerösteten Brotstreifen mit

Paprikapaste – Ajvar wahrscheinlich. Ich bestelle erneut und erhalte dieses Leckerli. Dieses ist ein spa-nisches Restaurant. Darauf hatte ich gar nicht geachtet. Während ich hier sitze, beobachte ich, wie zwei bepackte Männer kommen und neben dem Tisch des Pärchens Micro und Verstärker aufbauen. Also wird es auch hier Musik geben. Das finde ich besonders interessant, weil heute Mittwoch ist, nicht etwa ein Wochenendtag. Die Musik ist gut, meistens Oldies, Blues, Rock. Gesang und Gitarre, aber auch elektrische Mandoline. Nomi ist zuerst irritiert, beruhigt sich aber bald. Sie ist ein Hund, der mit Krankheit des Herrchens und in der Coronazeit aufgewachsen ist. Es gab keine Besuche, die Stadt wurde gemieden. Aber sie lernt dazu. Ich komme mit den jungen Leuten ins Gespräch. Englisch und Französisch. Er kommt aus Lille im Norden, sie von hier. Und dann spielen die Musikanten: „All along the watchtower" von Jimi Hendrix. Alle wippen im Takt, auch ich. Ich sage auf Französisch zu den Nachbarn: „1970 habe ich Jimi Hendrix kurz vor seinem Tod live erlebt". Der Gitarrist dreht sich zu uns und sagt: „Ja, auf FEHMARN:" Ich bin überrascht und sage etwas unüberlegt: „Ach, du bist Deutscher. Warst du auch dort?" „Nein, ich war noch zu jung". Ich lache laut auf. Für einen Moment hatte ich vergessen, dass dies 53 Jahre her ist. Das muss etwa das jetzige Alter des

Musikers sein. Vielleicht war er ein Baby oder Klein-
kind. Und ich bin 74 ½ Jahre alt, was ich für Sekunden auch einmal vergesse. Mir fällt ein, dass ich außer einem Selfie und eines vom Gipfel des Mont
Ventoux kaum Bilder von mir selbst habe. Ich bitte
die Nachbarin, ob sie Fotos von uns machen könne.
Danach genieße ich den weiteren milden Abend. Ich
zahle mit dem Smartphone und gehe beschwingt
zurück zum Hotel.

Wir liegen beide auf dem abgedeckten Sofa und
kuscheln. Ein Blick in die Wetter-App, die Frank-
reich-Karte, Sehenswürdigkeiten, Fahrtzeiten. Natürlich all das auf dem Smartphone. Der Blick geht
in Richtung Nordwest, denn die „Rückfahrt" muss
beginnen. Ich entschließe mich, nach Lascaux im
Perigord/Dordogne zu fahren. Das wird ein langer
Ritt werden. Aber erst übermorgen soll es weiter
gehen. Dann wird es dort trocken sein. Und wir haben noch einen Tag zur Erholung in Apt.

Tag 12 – Faul in Apt

Donnerstag, 22.6.23

Ich gehe am Vormittag mit dem Hund wieder abseits üblicher Wege – erneut an der Ockerfabrik vorbei. Und entdecke 2 Überraschungen: Einen Showroom der Fabrik, in dem über den Ockerabbau informiert wird. Außerdem werden die Pigmente und Produkte daraus gezeigt. Ölfarben, Aquarellfarben, Lacke, Kreiden ... Ich kaufe Aquarellfarben. Vielleicht beginne ich mal wieder zu malen. Dazu müsste ich dann aber wirklich ganz entspannt sein. Ich hoffe, es wird mir irgendwann gelingen. Wieder draußen stehend sehe ich gesprayt: LARZAC. Erinnerungen werden wach. Dieser Ort war in den 1970-ern wegen seines gewaltfreien Widerstandes ansässiger Bauern und Unterstützern gegen den

Bau eines Truppenübungsplatzes in aller Munde. Zumindest in meiner Blase, wie man heute sagt.

Das Hotel ist wirklich gut gelegen. Gleich gegenüber befindet sich ein Mini-Park, der für den frühen sowie späten Hundegang wichtig ist. Es ist nicht weit in die Stadt, wie ich gestern erlebte. Auch wenn es sich sicher lohnen würde, erkunde ich den Ort aber nicht weiter. Ich hatte gestern Abend eine wunderbare Zeit, habe die spannende Ockerfabrik gesehen und auf der Fahrt hierher Lavendelfelder. Zwei Minuten entfernt befindet sich ein asiatisches Restaurant und im Hof gemütliche Sitzgelegenheiten, umgeben von blühendem Lavendel und Oleander. Heute ist ein Ruhetag für mich und meinen Fuß. Ich bringe Nomi ins Auto, das in der kühlen Garage steht und gehe rüber in das Restaurant. Natürlich wähle ich das Büffet und alkoholfreies Bier. Gefühlt ist für mich Sonntag, weil es mir gestern Abend mit der Musik und dem Trubel wie Samstag vorkam. Allerdings erkenne ich an der Arbeitskleidung einiger Besucher des Restaurants, dass heute ein ganz normaler Arbeitstag ist - Donnerstag. Ich genieße das Buffet, denn ich mache eine Reise durch Asien: Japan (Sushi), Vietnam (Sommerrolle), Indonesien (Saté), China (Diverses), Indien (Curry) und - Frankreich (Esclair, meine geliebte Tarte au Citron mit Café). Eine interessante Mischung. Ich habe natürlich viel zu viel gegessen, aber ich weiß auch, dass es zuhause wieder magerere Tage geben wird. Der Ober fragt, ob er den Teller abräumen dürfe, worauf ich antwortete: „J'ai terminé". Wörtlich übersetzt: „Ich habe fertig". Mir fällt Trapattoni ein, über den man 1998 wegen seiner Wutrede viel lachte und lästerte. Da ich neugierig bin, frage ich den Google Übersetzer: Tatsächlich ist es im Italienischen genauso. Wörtlich übersetzt wird aus *ich bin – ich habe*. Übrigens ist das auch mit der Altersangabe ähnlich: Manchmal wurde ich nach meinem Alter gefragt. Die richtige Antwort ist: „J'ai 74 ans" und nicht „Je suis 74 ans". Übrigens – die französischen Zahlen. Immer wieder spannend. 74 heißt Soixante quatorze. Soixante (60) quatorze (14). Gewissermaßen eine Addition aus Sechzig und Vierzehn. 60 + 14 = 74 . Richtig interessant wird es, wenn ich 84 Jahre alt sein werde. 84 heißt quatre-vingt-quatre. 4-20-4. Jetzt kommt noch eine Multiplikation dazu. 4*20+4. Punktrechnung kommt vor Strichrechnung. So viel aus dem Bereich der französischen Mathematik und Grammatik.

Danach machen wir ausgiebig Siesta. Essen muss ich vor morgen früh nichts mehr. Aber am Abend im Hof sitzen, bei einem Glas Rosé provençal - das ist ein MUSS. Wir werden Abschied nehmen müssen von der Provence. Denn wir fahren morgen NICHT nach Süden in deren mediterranen Teil nach Saint-Tropez, um uns dort eine Luxus-Jacht zu chartern.

Obwohl - Nomi ist ein Schipperke, ein geborener Bootshund ...

Nach der träumerischen Pause mache ich mir im Zimmer einen Kaffee und beginne mit einer groben Planung der bevorstehenden letzten Woche. Im Moment gibt es fast überall Regen und Gewitter, in Hessen sogar Unwetter. Regen soll auch am Abend in Schleswig-Holstein ankommen. Er ist dort dringend notwendig. Aber nordwestlich von Apt ist es ab morgen wieder trocken. Ich suche auf der Karte nach Lascaux, das ich gestern schon im Blick hatte. Ich entdeckte es, als ich im Bereich des Perigord nachsah, wohin ich fahren könnte. Die Gegend um Cahors kenne ich bereits. Lascaux ist berühmt wegen seiner Höhlenmalereien. Vor wenigen Jahren sah ich eine Dokumentation über das neue Museum, in dem es detailgetreue Nachbildungen der Höhlen gibt. Das möchte ich sehen. Und ganz in der Nähe, das ist perfekt, gibt es einen Campingplatz. Ich möchte aber nach der langen Fahrt kein Zelt mehr aufbauen mit allem Drum und Dran. Deshalb suche ich nach einem Mobilheim oder ähnlichem. Ich stelle fest, dass es sich um einen sehr interessanten Platz handelt, denn er bietet neben Stellplätzen diverse aufgebaute, sehr kreative Zelte an - im Stil von Safarizelt oder auch ein Zelt auf Stelzen an. Dann entdecke ich MEINE Unterkunft: Ein Pipi Langstrumpf-Häuschen. Außen in Violett gestrichen, innen Holz. Mit einer Holzveranda. Es ist Liebe auf den ersten Blick. Hoffentlich ist es frei. Ich gehe auf die Webseite des Platzes und buche für zwei Tage incl. Hund und Auto. Dann gibt es unerklärlicherweise Probleme mit der Bezahlung. Da ich morgen Nachmittag zum Beginn des Wochenendes ankommen werde, habe ich Sorge, dass es belegt sein könnte. Also mache ich einen Screenshot der Buchung und schicke dieses Bild per Mail an den Campingplatz. Die Antwort kommt schnell. Es ist frei, und bezahlen kann ich dann vor Ort mit der Karte.

Meine weiteren groben Planungen sind – irgendwo am Atlantik 2 Tage, 1 Nacht Sancerre, 1 Nacht in Luxemburg und die letzte irgendwo hinter Göttingen – also schon in Niedersachsen. Von dort direkt am Samstag, den 1. Juli nach Groß Grönau. Um 12 Uhr muss und will ich dort sein.

Ich bin froh, dass soweit alles klar ist. Wir machen unseren Abendgang durch den Park und setzen uns anschließend auf den Hof mit Blick auf blühenden Oleander. Im Glas kühler provencalischer Rosé. Später muss ich noch Tagebuch schreiben, danach lesen und irgendwann einschlafen. Nomi springt aufs Sofa, um zu schlafen. Ich gehe ins Bett, um ihrem Beispiel zu folgen.

Tag 13 – Perigord

Freitag, 23.6.23

Um 6:30 Uhr befinde ich mich im Frühstücksraum. Das Frühstück ist, wie meistens in Frankreich,
relativ einfach, aber ausreichend: Croissant, Pain au
chocolat, Baguette. Vollkorngebäck fehlt allerdings
wieder, ebenso Müsli - Cornflakes gibt es. Obstsalat
und Joghurt. Als Brotbelag Butter, Marmelade, Ho-
nig, Kochschinken und Käse. Die beiden letzteren
scheinen Standard zu sein. Aber das kenne ich bereits. Während ich drauf wartete, dass mein Kaffee
durchläuft, sehe ich ein Bild im Frühstücksraum: Ich
erkenne einen kleinen Engel und den Text: Nord
Nord-Ouest. Nord Nordwest. Wie passend. Mein

 heutiges Ziel liegt tatsächlich nordwestlich von Apt. Und ein Engel, ein Schutzengel, kann nie schaden. Da ich mich in nördliche Richtung bewege, kann ich auch vom Beginn der Rückfahrt sprechen. Ich spüre eine leichte Wehmut, bei gleichzeitiger Vorfreude. Beide Gefühle konkurrieren miteinander. Das wird ein ordentlicher Ritt heute von etwa 700 km.

Um 7:30 Uhr bringe ich alles ins Auto. Nomi scheint sich zu freuen und hüpft, kaum dass ich die hintere Tür geöffnet habe, auf die Decke der Rückbank, wo ich sie anschnalle. Im Auto riecht es nach Melone und Lavendel, zum Glück nicht nach Knoblauch. Ich muss tanken und hatte bei der Recherche eine Tankstelle in 600 m Entfernung entdeckt. Diese befindet sich auf meiner Route sowie der richtigen Straßenseite. Ich staune, dass hier im Häuschen bezahlt wird. Aber natürlich erledige ich dieses wieder mit dem Smartphone. Dann geht es richtig los. Im Navi habe ich die ökonomischste Route gewählt, da es auf der Autobahn am schnellsten ist, wenn man von Baustellen und Staus in der Stadt absieht. Diese verläuft aber zunächst Richtung Süden. Das sehe ich im Display. Diese Strecke ist zwar deutlich länger als die kürzeste, aber schneller. Die direkte Route nach Nordwest hätte mich wieder durch Gebirge geführt. Das wäre zwar schön, aber zeitlich zu lang

geworden. Und ich muss leider den Rückweg antreten. Deshalb geht es in das noch unbekannte Perigord. Denn eines ist sicher – an den Atlantik möchte ich auch noch für 2 bis 3 Tage. Die Richtung stimmt also. Es geht mitten durch Avignon und es staut sich. Natürlich gibt es um diese Zeit auch viel  Berufsverkehr. Stopp and Go. Einen Vorteil gab es allerdings: Ich konnte mir in aller Ruhe die Stadtmauer ansehen, und machte sogar ein Foto von dem beeindruckenden Bauwerk. Während der Wagen stand, natürlich. Schließlich fahre ich über die Rhone, aber nicht über DIE Pont d'Avignon, die ich so gerne besungen habe, als ich noch keine Ahnung davon hatte, was die gesungenen Worte bedeuten. Es geht über eine moderne Brücke von Avignon, die der Belastung durch den Verkehr standhält. Schließlich folgt wieder eine Autobahn, eine Mautstation. Es geht Richtung Barcelona. Früher hätte mich das irritiert. Heute weiß ich, dass oftmals viele Orte zunächst eine gemeinsame Route haben und der größte und entfernteste Ort angezeigt wird. Als ich früher als Beifahrerin mit dem Michelin-Atlas auf dem Schoß die Route als Navi-Frau ansagen musste, hatte ich manchmal Schwierigkeiten den richtigen Ort zu finden, der angezeigt wurde. Nach Brüssel? Wir wollen doch gar nicht nach Belgien. Inzwischen habe ich mehr Erfahrung. Ich befinde mich an der Mautstation: DAS werde ich heute 4-

mal machen: Auf die Spur mit grünem Pfeil fahren. Ein Ticket ziehen. Ich musste nicht einmal einen Knopf drücken. Ich glaube, man kann meine Gedanken lesen. Aber eher ist es ein Bewegungsmelder, vermute ich. Die Schranke öffnete sich. Bei der Ausfahrt: Ticket rein. Kreditkarte auch. Nachdem ich sie wieder hatte, war das Geld zwar weg, aber die Schranke öffnete sich. 8-mal insgesamt heute. Es gibt zwischendurch Fahrbahnverengungen, Baustellen, die Sonne scheint mir ins Gesicht. Gegen die dadurch entstehende Wärme hilft auch die Klimaanlage kaum.

Die Fahrt ist anstrengend, und ich bin müde. Es geht weiter Richtung Toulouse. Erst plane ich, danach eine Pause zu machen. Aber ich entscheide mich, nachdem ich Narbonne hinter mir gelassen habe, auf einen Parkplatz zu fahren. Das sollte sich im Nachhinein als sehr klug herausstellen. Hier und bereits unterwegs fällt mir auf, wie trocken die Landschaft ist. Die Gräser sind gelb wie die ganze Landschaft. Unterbrochen wird die typische Hochsommerfarbe vom Grün der Bäume. So habe ich vor Jahren auch die Provence kennengelernt. Wie schön, dass diese nach den starken Regenfällen ihr frisches grünes Kleid trug mit violetten Applikationen. Ich sorge für Wasser und Entsorgung und esse eine Kleinigkeit. Beim Herumgehen sehe ich einen Pfad, der auf eine Anhöhe führt. Oben angekommen staune ich. Was ist das denn? Steinscheiben, etwa 1 m Durchmesser, mit eingelassener Schrift. Weiter hinten hohe Steinfiguren, die mich an Spielfiguren erinnern. Merkwürdig, aber auch spannend. Im Hintergrund glitzert blaues Wasser – das Mittelmeer. Inzwischen habe ich recherchiert. Le chevalier cathares (Die Katharer Ritter) ist der Name des umstrittenen Kunstwerkes. Ich finde es zumindest – interessant.

Toulouse, Bordeaux – Bouchon wird angezeigt und es stimmt tatsächlich: Stau. Es ist heiß und anstrengend. Wie auf Bestellung fliegt in Toulouse ein Flugzeug über die Fahrbahn. Ich bilde mir ein, es sei ein Airbus, der hier gemeinsam mit dem Werk in Hamburg gebaut wird. Irgendwann wird Paris angezeigt. Aber zwischendurch verfuhr ich mich in einem Kreisverkehr und wendete danach auf abenteuerliche Weise. Netterweise hatte man Geduld mit mir. Irgendwann wird es etwas ruhiger auf der Straße, und zwar in dem Moment, als ich die zunächst gemeinsame Paris-Route verlasse. Angezeigt werden Quercy, ein Kalksteinplateau, Cahors. Überall im Süden und Südwesten treffe ich auf Kalksteingebirge und mein chemisch denkendes Hirn kann nicht anders, als sich die gewaltigen Mengen an CO_2 auszumalen, die in diesem Gestein gebunden sind. Um daraus Mörtel und Zement für den Bau herzustellen, muss der Kalkstein unter hohem Energieverbrauch erhitzt werden. Man erhält den gewünschten gebrannten Kalk und CO_2 – und damit ein zweifaches aktuelles Problem: Energiebedarf und das Klimagas. Genug Chemie. Ich konzentriere mich wieder auf das Fahren.

Endlich kann ich die Autobahn verlassen. Es geht weiter in Richtung Perigeux. Ich sehe ein riesiges Viadukt und fahre durch eine wunderschöne grüne, hügelige und kurvenreiche Landschaft. Ich sehe Obst- und Nussbäume. Aber dazwischen auch immer wieder blühende Maronenbäume, deren lange Kätzchen in Büscheln ganz charakteristisch und damit sofort zu erkennen sind. Perigord-Dordogne heißt dieses Departement. Angepriesen wird hier Foie Gras an vielen Höfen. Das Schicksal der Gänse, die ich auch häufiger auf ihren Weiden sehe, ist damit schon vorbestimmt. Im Herbst werden die leckeren Früchte geerntet werden: Walnüsse und Maronen. Sicherlich gibt es in den Wäldern ringsum auch Pilze. Es ist so völlig anders als in der Provence und auf eine andere Weise wunderschön. Die Provence ist Sommerland, das Perigord Herbstland. Zumindest nach meinem Gefühl. Wobei die jeweils andere Jahreszeit auf unterschiedliche Weise sicherlich auch schön ist. Und das Frühjahr, der Winter? Im Frühjahr die Blüte der Obstbäume. Ich liebe diese Zeit zuhause und in diesen Regionen wird es ebenso schön sein. Natürlich gibt es hier auch kleine Schlösser, an denen ich vorbeifahre. In einem Chateau werde ich allerdings nicht übernachten, auch nicht meine Prinzessin, wie ich Nomi manchmal nenne. Nach einem kurzen Zwischenhalt wechsle ich vom Navi im Wagen zu Google Maps auf dem Smartphone. Durch Antippen des Campingplatzes und „Route starten" werde ich mein Ziel bald erreichen.

Es sind noch etwa 5 km zu fahren. Ich stelle aber fest, dass der Campingplatz gut ausgeschildert ist. Gegen 16 Uhr bin ich am Ziel, nach 770 km. Check In. Ich bezahle 125 € für das zweitägige Mieten einer Villa Kunterbunt. Außen Violett, innen Naturholz. Dazu eine Holzterrasse. Fifi Brindcacier ist der französische Name für Pipi Langstrumpf. So fühle ich mich hier. Nur dass mein Herr Nilsson Frau Nomi heißt. Ein wirklich schöner Ort, der gesamte Platz, auf dem es noch sehr ruhig ist. Das Auto kann vor dem Haus parken und ich packe das Notwendigste aus. Nomi bekommt Futter und Wasser. Danach benötigen wir beide einen Spaziergang. Es tut so gut, durch die ruhige, grüne Natur zu gehen. Der Hund hat viel zu schnüffeln. Auf dem Weg, noch auf dem Platz, sehe ich kaffeebohnengroße Kotkugeln — Schafe? Oder Rehe? Der Hund würde sie am liebsten fressen. Aber er hatte sein Futter bereits. Und als Leckerli? Besser nicht. Bei mir meldet sich auch der Hunger. Neben der Rezeption gibt es eine Snackbar, wo ich morgen früh auch mein Gebäck – das übliche natürlich – bekommen werde. Ich blicke auf die Karte und entscheide mich für einen Salade périgourdine. Der Patron erklärt mir, dass die Karte erst ab Juli Gültigkeit hat. Noch sei keine Saison. Es hat eben Vor- und Nachteile außerhalb der Saison zu verreisen. Ich befinde mich, fast wie zuhause, mitten in der Landschaft. Natürlich gäbe es die Möglichkeit in ein Restaurant fahren, wozu ich aber überhaupt keine Lust mehr habe. Was tun? Ich sage ihm, dass ich Hunger habe. Er macht mir den Vor-

schlag, dass er aus dem, was er vorrätig hat, eine Pizza backt: Tomaten, Mozzarella, Zwiebeln, Paprika, Hühnchen. Eine „Pizza Surprise", sage ich. „Oui". Das ist doch ein Angebot. Er lacht und ich freue mich. Um 19 Uhr sei sie fertig. Bis dahin schreibe ich Tagebuch und entspanne mich. Pünktlich zurück frage ich nach einem erfrischenden Bier. Er empfiehlt mir ein leichtes Elsässer Bier vom Fass. Das tut gut nach dem anstrengenden Tag. Die Pizza schmeckt auch gut. Ich bin zufrieden mit dem Verlauf des heutigen Tages, so anstrengend er auch war. Fertigteig hatte er wohl auch vorrätig, geht mir durch den Kopf. Ich denke daran, wie ich haushalte. Bei mir ist es genauso. Auch ich könnte spontan ein Gericht „zaubern". Nach dem Essen nehme ich noch ein zweites Bier und wir unterhalten uns draußen sitzend in einem Gemisch aus Französisch und Englisch. Er ist etwa Mitte 40 und eigentlich wohnhaft in Paris. Im Sommer betreibt er diesen Campingplatz. Kontakt zu Frau und Kindern hält er über Skype. Er ist auch froh, dass es diese moderne Technik gibt. Als ich ihm erzähle, dass ich morgen in das Lascaux-Museum möchte, fällt mir spontan die Frage ein, ob man vorher ein Ticket kaufen sollte. Unbedingt ist seine Antwort. Also gehe ich auf die Webseite, finde den Bereich schnell und sehe, dass vormittags Führungen sind, und man sich nur nachmittags frei mit einem Audio-Gerät im Museum bewegen kann. Bei dem sommerlich heißem Wetter bin ich gerne am Vormittag aktiv und ruhe nachmittags lieber aus. Es ist bereits alles ausgebucht – bis auf 9 Uhr. Zwischendurch informiere ich ihn über den Stand meiner Recherche. Er sieht mich nachdenklich an. Und ich weiß, was er denkt, erlebe ich es doch selbst immer wieder auf den Campingplätzen oder im Hotel. Viele schlafen gerne etwas länger und für diese Gruppe ist liegt der Termin VOR dem Aufstehen. Genau deshalb ist zu diesem Zeitpunkt auch noch etwas frei. „Pas de problème", sage ich zu ihm. „Je suis une alouette" – ich bin eine Lerche. Damit kaufe ich das Ticket. Da habe ich ja noch mal Glück gehabt.

Pause auf der Terrasse. Auf dem Tisch stehen noch Pfützen des letzten Regens. Ich wische diese

Erinnerung an das für mich unerwünschte Wetter weg. Nomi befindet sich an der langen Leine, ist aber auch nicht sehr aktiv. Ringeltauben gurren. Ich zähle die Anzahl der Strophen. 4 Strophen. Döse ein wenig, lese. Dann wird es Zeit für den letzten, den  sogenannten Nachtgang. Auf dem Rückweg höre ich plötzlich Geräusche hinter mir. Während ich mich erschrocken umdrehe, werde ich auch noch an der rechten Schulter angestupst und - blicke in die Augen eines Esels. Er sagt nichts, leider. In seiner Gesellschaft 5 Schafe. Sie begleiten uns auf dem Weg zurück zum Campingplatz. Nun weiß ich, wer für die „Kaffeebohnen" auf dem Weg verantwortlich ist. Es ist eine lustige Gruppe, die uns folgt. Nachdem ich mein Smartphone aus dem Häuschen geholt habe, gehe ich zum Bouleplatz, auf dem sie inzwischen stehen. Nebenan bellen die drei Hunde des Patrons. Er kommt aus seinem Haus und gesellt sich zu uns. Ich habe inzwischen ein kleines Video gemacht. Der Esel, Fany, ist ganz zutraulich. Ich berühre seine Lippen und die Nase, die ganz weich sind. Dann gehen alle zurück, denn es ist schon ziemlich dunkel. Sie wohnen dort, wo wir uns getroffen haben und leben ganz frei. Schön – verrückt. Danach geht es auch für uns ins Bett – wie immer hat jede ihres. Da es hier ein Sofa gibt, habe ich dieses mit der Decke abgedeckt. Und genau dort schläft meine Prinzessin auch.

Tag 14 – Lascaux

Samstag, 24.6.23

Ich werde nach dem Aufwachen freudig mit einigen Stupsern auf die Nase begrüßt. Ist von draußen ein heiseres, langgezogenes Iaaah zu hören? Leider nicht. Um 8 Uhr gibt es frisch aufgebackene Croissants. Der Kaffeetopf wird heute einmal auf dem Gasherd erhitzt. Natürlich essen wir gemeinsam auf der Terrasse. Ich bin mir immer noch nicht ganz im Klaren, was ich mit Nomi mache, während ich im Museum sein werde. Im Auto? Nein, denn der große Parkplatz bietet keinen Schatten. Im Haus bleibt sie besser auch nicht allein. Auf der Holz-Terrasse? Das erscheint es mir wegen der Zwischenräume auch problematisch zu sein. Nach einem

Gang um das Haus sehe ich die Lösung. Rechts befindet sich eine mit Bäumen bewachsene Naturfläche. Dort binde ich sie mit der langen Leine an und stelle das Wasser dazu. Hier hat sie Schatten und kann die Gegend beobachten, aber auch schlafen.

Dann fahre ich los. Nur etwa 10 Minuten benötige ich für die kurze Strecke. Eine Fahrt durch eine herrlich grüne Landschaft: Wald, Hügel, Berge, Wiesen. Die Anlage des Museums, auch Lascaux IV genannt, ist sehr umweltfreundlich gestaltet. Mit vielen blühenden Pflanzen, auch einer Blütenwiese und einem Teich. Ich sehe viele Insekten, höre deren Brummen sowie Frösche quaken.

Um kurz vor 9 Uhr gehe ich auf das Museum zu und denke, ich wäre in Oslo. Typisch nordischer Stil – auch innen.

Das Museum heißt korrekt: Lascaux IV – Internationales Zentrum für Parietalkunst und Nachbildung der Höhle von Lascaux

Es wurde im Dezember 2016 eröffnet. Vorher gab es die Höhle selbst, ein kleines Museum, eine Wanderausstellung. Ich sah vor einigen Jahren eine Dokumentation über die Erstellung des Nachbaues der Höhle und war fasziniert. Es war aber bereits wieder vergessen, als ich meine Reise antrat. Und wie es manchmal ist, stieß ich beim Blick auf die Karte auf den Namen Lascaux.

Am Empfang checken des Tickets auf dem Smartphone. Man erhält ein Empfangsgerät. Meines tausche ich durch ein deutschsprachiges Audiogerät, das punktgenau die zugehörigen Erklärungen liefert. Zur Einstimmung sieht man einen animierten Film, der das damalige Klima darstellt. Ziemlich ungemütlich zwischen 2 und -20°C. Man sieht Menschen und Tiere in der unwirtlichen Landschaft. Es folgt der Gang in die kühle Höhle. Man vergisst, dass dies ein Nachbau ist, so perfekt wurde die echte nachempfunden. Die berühmte Höhle von Lascaux mit ihren Bildern: 1940 von einem Hund bzw. dessen Menschen entdeckt. Hund, Katze, Maus? Sie fehlen allerdings bei den Darstellungen. Man sieht Stiere, Kühe, Pferde, Wisente, Hirsche/Rentiere. Und nur einen Menschen sowie einen Vogel. Außerdem Symbole, Gravuren, deren Bedeutung noch nicht entschlüsselt wurde. Gemalt wurde mit Ocker und Manganoxiden. Ich versuche mir vorzustellen, wie die Menschen vor ca. 20.000 Jahren diese Kunstwerke geschaffen haben und warum. Aus geologischen Untersuchungen weiß man, dass sich die Gestalt der Höhle verändert hat. Teilweise mussten die Menschen kriechen, andererseits aber auch einfache Gerüste bauen, um die gewünschten Felswände zu erreichen. Als Licht dienten Fettlampen mit Dochten aus Pflanzenfasern. Man weiß nichts über deren Zweck und auch nicht, wie lange gearbeitet wurde. Da das verwendete Schwarz kein Ruß, also Kohlenstoff, ist, sondern Manganoxid, kann die genaue Datierung nicht erfolgen. Kein Kohlenstoff – keine C14-Methode zur Altersbestimmung.

Die Zeichnungen, der vermeintliche Felsen – alles wirkt echt. Schwimmende Pferde, Pferde im Hintergrund, davor Rentiere. Symbole dazwischen. Rotbraun, Gelbbraun, Schwarz. Erstaunlich sind das perspektivische Malen sowie die Darstellung von Bewegungen. Auch wenn dies Nachbildungen sind: Es wurde eine perfekte Nachbildung geschaffen. Die Temperatur vermittelt ebenfalls das Gefühl des Aufenthaltes in einer Höhle. Im Sommerkleidchen ist man hier fehl am Platz.

Danach gab es einen Blick ins Atelier, der zeigte, wie gearbeitet worden war.

Die Symbole für die Toiletten sind eindeutig prähistorisch, nicht nordisch. Nach dem Besuch recherchierte ich. Das Architekturbüro Snøhetta ist für seine Gebäude, die Bezug zur Natur haben, berühmt. Es befindet sich in Oslo und hat auch das fantastische Opernhaus in der norwegischen Hauptstadt gebaut. Dessen Architektur ist dafür verantwortlich, dass ich unbedingt einmal in einem Schneewinter nach Oslo und in die Oper wollte. Mein Mann schenkte es mir zum 70-sten

Geburtstag und ich sah und hörte Schwanensee. Ein schönes, unvergessliches Erlebnis. Und nun treffe ich hier in Frankreich auf ein ebenfalls grandioses Gebäude.

Eine saftiggrüne Landschaft ist das Perigord. Charmante Dörfer mit skurrilem Vogelbrunnen. Dachabdeckungen aus Kalksteinplat- ten, sogar für das kleine Bücherhaus. Schlösser, englische Parklandschaft. Und alles in Ocker, DER Farbe des Sü- dens. Sogar der Fluss macht mit und wählte die rostbraune Variante. Die Sonnenblu- menfelder - im Tal schon gelb - oben am Berg dreht sich gerade die erste Blüte zur Sonne. Daher auch ihr französischer Name - tournesol.

Ich komme am lila Häuschen an. Nomi bemerkt mich erst spät. Sie genoss offensichtlich das Faulen- zen im Schatten unter den Bäumen. Wir sitzen auf der Veranda, und bin etwas unsicher, was ich ma- chen will. Auf jeden Fall möchte und muss ich tan- ken. In Montignac gibt es einen Supermarkt mit Tankstelle. Vielleicht werde ich ein Restaurant su- chen. Eines in der Nähe hat nicht geöffnet, stellte ich vorhin fest. Nicht zum ersten Mal sehe ich, dass die Angaben bei Google nicht stimmen. Aber die Öffnungszeiten müssen natürlich von den Betrei- bern aktualisiert werden. Während der Fahrt zum Supermarkt fällt mir ein, dass ich während meiner

Reise noch nie in einer Charcuterie eingekauft habe. Das werde ich heute tun. Der Parkplatz hat keine Schattenplätze. Ich nehme beide Taschen mit den Wertsachen aus dem Auto und öffne das hintere Fenster vollständig. Ich ärgere mich ein wenig, dass ich Nomi mitgenommen habe. Ich kaufe mir Rilettes de canard, festen Schafkäse mit Piment d'Espelette, Baguette, Rosé Bergerac und Contrex Mineralwasser. Ich bin zurzeit im Besitz eines Kühlschrankes. Luxus pur. Morgen kommt alles gekühlt in meine Kühltasche, die ich im Auto mit 12 V betreiben kann. Mir fällt ein, dass es sogar ein TK-Fach gibt und ich 2 Kühlakkus dabeihabe. Noch einige Aprikosen, ein Stückchen Kuchen und − fast hätte ich es vergessen − Tütchenfutter. Danach schnell zur Kasse. An der Tür des Supermarktes wird für die Tour de France Femmes geworben. Ich habe noch nie davon gehört. Sie beginnt am 25. Juli in Clermont-Ferrand und eine Etappe wird durch Montignac nach Lascaux führen. Deshalb also die Werbung.

Nomi liegt im Wagen und steht zur Begrüßung kurz auf. Ich fahre mit offenen Fenstern zur Tankstelle rüber und tanke mit Karte. Der Reisetacho wird wieder auf null gestellt. Und schon geht es wieder zurück. Nachdem ich die zu kühlenden Lebensmittel im Kühlschrank verstaut habe, die Akkus im TK-Fach liegen, mache ich mir einen Kaffee in meinem Töpfchen. Ich verwende heute zum Trinken sogar eine Kaffeetasse. Kaffee und Kuchen auf der Terrasse, schließlich ist Wochenende. Nomi bekommt deshalb eine Kaustange. Das Leben kann so schön sein. Im Schatten ist es gut erträglich. Ich öffne meine Mail-App. Heute Morgen hatte ich mich nach einigem Hin und Her für die Île de Ré als Ziel am Atlantik entschieden. Dort gibt es viele Campingplätze, und meine Entscheidung fiel auf den letzten im Norden, nahe am Leuchtturm. Dort gibt es auch Schattenbäume. Er liegt abseits des Trubels im Süden, wo es wegen der Festlandnähe viel voller ist. Unten gibt es feinen Sandstrand, hier oben ist es steiniger. Dies sind Argumente, die bei anderen eine gegenteilige Entscheidung zur Folge gehabt hätten. Ich hatte dort angefragt, ob sie einen Platz für Zelt und Auto frei haben. Es wäre zu ärgerlich, wenn ich dort oben ankäme und dann zurückfahren müsste, um einen Platz zu finden. Die Nachricht ist positiv. Auch reservieren müsse ich nicht. Ich kann also entspannt lesen.

Ich denke daran, dass ich irgendwann etwas über die Hugenotten gelesen habe, die hier lebten. Ich recherchiere. Tatsächlich war hier im Westen ihr Siedlungsgebiet — im Perigord aber auch an der Küste bei La Rochelle, teilweise sogar weiter im Süden. Hugenotten sind die reformierten — nichtkatholischen — Christen, die verfolgt wurden und flohen. Die Machthaber wollten sich nicht mit der mächtigen katholischen Kirche anlegen. Im 16. Jahrhundert kam es zu den Hugenottenkriegen, bei denen es - natürlich - nicht nur um den Glauben ging. Väterlicherseits habe ich Hugenotten unter meinen Vorfahren. Die Mutter meines Vaters hatte noch einen französischen Mädchennamen. Leider habe ich ihn vergessen. Da es auch keine Verwandtschaft mehr gibt und ich keine Kinder habe, ist es unwichtig und wäre pure Zeitverschwendung nachzuforschen.

Später machen wir einen Spaziergang und hoffen Esel und Schafe erneut zu treffen. Aber die haben offenbar besseres vor an diesem Samstagabend. Wir essen zu Abend – ich meine Delikatessen der Region, Nomi eine Mischung aus Trocken- und Tütchenfutter. Während ich meinen Provence-Roman beende, zieht es Nomi irgendwann ins Haus. Zuhause verhält sie sich ähnlich. Sie möchte dann auf den Flur in ihr Bett. Aber ein letztes Mal werde ich sie noch stören müssen. Eine friedliche Stimmung herrscht hier. Auch hier würde ich gerne länger bleiben. Aber beides ist nicht möglich, wie ich weiß: viel sehen und lange bleiben.

Tag 15 – Île de Ré

Sonntag, 25.6.23

Ich habe bis 7 Uhr geschlafen. Wie immer, wenn wir in einem „Raum" schlafen, kommt Nomi zu mir und stupst mich an. Sie wackelt dabei freudig mit dem Hinterteil, als ich sie streichle. Und wie so oft denke ich, wie schön es ist ein Lebewesen bei sich zu haben. Ich fühle mich dadurch nie einsam. Im Gegenteil – sie ist es, die viele Kontakte anbahnt.

Ich setze das Kaffeewasser auf. Lege das halbe Croissant von gestern auf den Teller. Ein Stück

Baguette sowie Rillettes und Käse. Dann decke ich den Tisch auf der Terrasse, auch für Nomi 1 Etage tiefer mit einem Tütchen Futter. Denn heute wird wieder gefahren. Nicht so weit wie vorgestern, aber auch eine ziemlich lange Strecke.

Bernd, mein Einhüter, hat heute Geburtstag. Ich schicke ihm Glückwünsche. Er wird in der Kreisstadt bei Freunden sein und sich verwöhnen lassen.

Dann packe ich alles zusammen. Aus dem Tiefkühlfach nehme ich die zwei Kühlakkus, auf denen der Name Meyer steht. Sie sind schon sehr alt. Früher, als noch fast alle Campingfreunde mit Zelten und kleinen Wohnwagen ohne Kühlschrank unterwegs waren, konnte man auf den Campingplätzen Kühlakkus in eine Tiefkühltruhe an der Rezeption legen. Diese kamen später gut gekühlt in eine Kühltasche. Meine Kühlbox, die ich im Auto mit dem 12V-Anschluss betreiben kann, wird mit den Akkus, dem restlichen Wein sowie den Lebensmitteln gefüllt. Ich räume auf, spüle, fege. Packe alles ein und schließe ab. Den Schlüssel gebe ich dem Patron, da die Rezeption noch nicht geöffnet hat. Ein letztes Mal gebe ich den Code für die Schranke ein. Sie öffnet sich. Nach wenigen Metern werde ich den wenigen Müll los. Abfahrt Richtung Atlantik ist um 9 Uhr.

Es ist ein gutes Fahren heute. Auf der Autoroute Péage ist nur ein LKW zu entdecken. Ich lerne heute eine neue Variante des Bezahlens kennen. Es gab kein Ticket, sondern der Einzug der Karte blinkte hektisch und war damit nicht zu übersehen. Ich also mutig meine Kreditkarte hineingesteckt und sie kam tatsächlich wieder heraus. Vermutlich gibt es keine Ausfahrt zwischendurch, nur einen Anfang und ein Ende dieser Autobahn. Mir fallen wieder die Preistafeln vor der nächsten Tankstelle an der Autobahn auf. Eine sehr gute, nachahmenswerte Information. Andererseits habe ich eine Tank-App, die mich über die Preise informiert. Ich gebe allerdings zu, dass ich in Frankreich gar nicht nach Preisen gesehen habe. Nach Möglichkeit tanke ich bei den großen Supermärkten.

Saint-Émilion habe ich links liegen lassen. Dieser schöne Weinort wurde im August 2012 abgehakt. Es geht durch Weinfelder, gesäumt von Geschäften, die Wein anbieten. Große Weinfässer als Tisch zur Weinverkostung sehe ich unterwegs. Eine Fabrik, die Weinfässer herstellt. Ich kann nicht überall anhalten, obwohl mich vieles interessieren würde. Es gäbe so viel zu sehen – und zu schmecken. Eine professionelle Weinverkostung bedeutet ja nicht, dass man den Wein auch herunterschlucken muss. Schließlich schmecken wir mit Gaumen, Zunge, Nase und nicht mit der Speiseröhre. Man spuckt ihn aus und spült den Mund mit Wasser, neutralisiert mit Brot. Alles wäre möglich. Aber ich steuere ein mir noch unbekanntes Ziel an. Eine Insel, die geografisch zum Golf von Biskaya gehört. Das war mir vorher nicht bekannt. Ich las es zufällig.

Unterwegs auf der Autobahn gehen mir Themen für mein Tagebuch durch den Kopf. Und zwar das oben Beschriebene. Wie kann ich mir das merken? Schließlich erhalte ich ständig neue Eindrücke. Natürlich Eselsbrücken. Ich kenne eine gute Möglichkeit Themen mit Zahlen zu verknüpfen. Jede Zahl ist ein Bild – die 1 eine Kerze, die 2 ein Schwan, die 3 eine dreiseitige Pyramide. Also fing ich an: Ich wollte etwas zum Ticket schreiben, dass es heute nicht gab. In Gedanken zündete ich ein Ticket mit der Kerze an. Die 2 – der Schwan – ich ließ ihn auf einem Fluss aus Benzin schwimmen, an dessen Ufer sich Schilder befanden. Die Bilder sollten möglichst ungewöhnlich sein, dann merkt man es sich besser. So landeten im Koffer mit 4 Ecken Sprechblasen sowie ein Esel und eine kleine römische Brücke, wie ich sie auf einem Kreisel bei Vaison-la-Romaine gesehen hatte. Während einer Pause arbeitete ich 7 Themen ab, indem ich sie, während ich mit dem Hund ging, auf die Diktier-App des Smartphones sprach. In mein analoges Tagebuch schrieb ich dann am Abend AUDIO dazu, um mich beim Übertragen daran zu erinnern.

Unterwegs im Medoc, Richtung Gironde. Dort sah ich sie 2012 zum ersten Mal: Carrelets, Hütten auf Stelzen. Ein breites Netz vorne. Zum Angeln und Fischen. Und vermutlich auch ein Wochenendhäuschen, in und an dem man es sich gut gehen lassen kann. Irgendwo im Kreisverkehr sah ich diese hübsche Deko aus Bienvenue, Carrelet und Boot. Bei Bordeaux wird der Verkehr dichter. Ich denke an einen Sonntag im August 2012 zurück. Peter und ich wollten auf die Île d'Oléron. Aber es staute sich an der Brücke zurück, sodass wir uns entschlossen, umzukehren und weiterzufahren. Wir fuhren nach Lacanau an der Atlantikküste mit den riesigen Pinienwäldern im Hintergrund. Ich hoffe, dass es heute mit der Île de Ré besser läuft.

Und es ist tatsächlich besser. Vor der Brücke auf die Insel befindet sich eine Mautstation. Eintritt 16 €. Ein Mensch diesmal, der meine Kredit-Karte entgegennimmt. Ich muss nicht warten. Beim Öffnen des Fensters: Der unvergleichliche Geruch des Meeres. Vorhin schon, als ich zum ersten Mal das Meer sah, überkam mich ein unglaubliches Glücksgefühl, nicht das erste auf meiner Reise. In diesem Fall ähnlich dem, das ich immer empfinde, wenn ich bei Heiligenhafen die Fehmarnsund-Brücke zur Insel sehe. Eine Tour de France, ohne am Meer gewesen zu sein - undenkbar für mich. Die Fahrt über diese Brücke ist einzigartig. Gerne würde ich langsamer fahren oder sogar anhalten. Beides ist natürlich nicht möglich. Ich rolle mit dem Verkehr und denke an die sogenannten „Kachelzähler", wie man die Langsamfahrer nach Eröffnung des neuen Erbtunnels in Hamburg nannte. Vor mir sehe ich den Sandstrand mit unzähligen Menschen. Auf der Insel herrscht viel Betrieb, schließlich ist Sonntagnachmittag. Auch von La Rochelle - übrigens auch schon besucht und ein empfehlenswertes Reiseziel – werden mit Sicherheit einige Ausflügler herübergekommen sein. Ich sehe und höre Trommelgruppen, Marktstände, Cafés und Restaurants. Menschen in Strandkleidung, Radfahrer. Es ist wie im Sommer an der Ostsee. Am Wochenende gibt es viele Veranstaltungen. Dazu passendes Wetter und schon kommen die Menschen in Scharen. In Frankreich heißt Wochenende übrigens le weekend, mit Betonung auf langem äääänd.

Ich muss anhalten und auf dem Smartphone das korrekte Ziel eingeben. Heute Morgen, bei der Navi-Eingabe, fand ich die Île de Ré nicht. Hinterher fiel mir ein, dass ich natürlich auch in diesem Fall den Ort hätte eingeben müssen. Ich wählte auf die Schnelle die Möglichkeit der direkten Karteneingabe. Also auf den Bildschirm des Auto-Navis oben auf die Insel tippen. Das war aber recht ungenau. Ich habe weder den Namen des Ortes im Norden im Kopf noch den des Campingplatzes. Ich steige deshalb um auf das Smartphone, tippe den Campingplatz in der Karte an und wechsle auf Route. Noch 8 km sind zu fahren. Unmittelbar vor dem Ziel, ich sehe schon die Wohnmobile auf dem Platz, ist die kleine Zufahrtsstraße gesperrt. Aber ich finde den Weg und komme schließlich an. An der Reception melde ich mich an. Die junge Frau trägt für mich 6 mögliche Plätze in eine Karte ein, weist auf die Sanitärgebäude hin sowie Ausgänge zum Ort und zum Strand. Ich gehe direkt Richtung Leuchtturm und damit auch zum Strandweg. Dort ist ein geeigneter Platz mit Baum. Dann geht es zurück, um das Formale zu bearbeiten. Ich buche 3 Nächte, spontan erhöhte ich um einen Tag. Für das Frühstück bestelle ich das Übliche. Nomi wartete geduldig bei geöffneten Fenstern im Auto auf dem Parkplatz. Wieder erlebte ich etwas Neues: Ich musste meine Autonummer angeben, die ich tatsächlich inzwischen auswendig weiß. Warum, wurde mir erklärt, aber jetzt sehe ich es auch: Die Schranke – nein, natürlich eine Kamera – erkennt das abgespeicherte Kennzeichen und öffnet automatisch. Wunder der Technik, wieder einmal. Ich rolle zum Platz 114 an der Allée du Phare. Es ist 14:30 Uhr. Eine gute Zeit.

Routiniert läuft mein Programm ab. Zuerst der Hund. Zum ersten Mal kann ich den Erdanker benutzen. In den sandigen Boden kann ich ihn gut reindrehen, was weder in Lothringen noch der Provence möglich war. Schatten, Wasser. Nun nehme ich die Taschen aus dem Auto. Der Zeltaufbau geht mir gut von der Hand. Auch hier zeigt sich, wie wichtig beim Erlernen neuer Dinge das Üben ist. Matratze auspacken, etwas weiter aufpumpen. Schlafsack raus. Stuhl ebenso. Ich gönne mir eine kleine Pause und trinke Wasser. Aber ich habe auch Hunger. Aus der Kühltasche hole ich die Rillettes mit dem restlichen Baguette. Dazu ein kleines Glas des kühlen Rosé aus dem Perigord. Ich genieße , sehe mich um. Überall Wohnmobile, wenige Zelte. Einige mehr sehe ich, als wir später dem Weg zum Strand folgen.

Und dann – aber was ist das? Ein Triumphbogen, wie ein Bilderahmen für das Meer. Regarde l'ocean … voyage, voyage .... von Desireless lief vorhin im Radio. Und ich erblickte den Atlantik eben durch dieses Tor. Was für ein Auftritt. Was für eine grandiose Bühne. Ich freute mich, gehe durch - aber ich sehe fast nur GRÜN. Für den Bruchteil einer Sekunde hatte ich es vergessen: Am Atlantik gibt es  Ebbe und Flut. Welch eine Symbolik für das Leben überhaupt. Ich setze mich auf einem Granitfelsen. Nomi sitzt neben mir. Sonne, Wind und den Geruch genießen. Erst einmal ankommen im Norden der Île de Ré. Wir haben Zeit. Das Zelt ist aufgebaut. Das Tiny-Haus musste ich im Perigord lassen. Alles ist gut. Das Wasser wird wieder kommen, so wie täglich die Sonne aufgeht. Moment, das zeigt wieder einmal unsere menschen- und erdzentrierte Sicht. Nicht die Sonne bewegt sich und geht auf, sondern unser Planet dreht sich zur Sonne hin oder auch weg. Nun aber Schluss mit solchen Überlegungen und nur noch genießen. Nomi ist zum ersten Mal am Atlantik. Bisher kannte sie nur die Ostsee und aus Dänemark die Nordsee.

Zurück zum Zelt. Ich werde von Deutschen mit Hund angesprochen. Man bewundert meinen Mut allein zu reisen und dann noch mit einem Zelt. Ich scheine etwas exotisch zu sein. Das ist mir durchaus bewusst. Nicht viele Menschen meiner Altersgruppe haben den Mut allein unterwegs zu sein. Verwitwete Menschen verlieren oft jede Lebensfreude. Ich wusste vorher auch nicht, wie ich allein zurechtkomme. Eine gute Übung war wohl, dass ich schon in den letzten 10 Jahren kleine Reisen allein unternommen hatte. Das gilt ebenso für Restaurantbesuche ohne Begleitung. Es ist alles eine Frage der Überwindung und Übung.

Mit diesen Gedanken gehe ich duschen. Die Räumlichkeiten sind sehr sauber und modern. Auch auf Nachhaltigkeit scheint man hier Wert zu legen. Viel Holz, Lampen mit Bewegungsmeldern und Solarzellen draußen. Und wieder ergibt sich über den Hund ein Gespräch mit einer Deutsch-Norwegerin, oder andersherum? Wir verstehen uns auf Anhieb. Sie ist wohl in den Vierzigern und hat seit Jahren eine MS-Diagnose. Mit einer antientzündlichen Ernährung hat sie die Krankheit im Griff und seit längerer Zeit schon keine Symptome mehr. Wir könnten noch ewig weiterreden. Aber sie hat vor, mit ihrem Freund Muscheln essen zu gehen.

Der Abend ist entspannt. Draußen zu leben ist herrlich. Ich lese, und später esse ich etwas Käse, trinke den restlichen Rosé, der noch immer kühl ist. Auf der Insel sah ich während der Fahrt übrigens auch Weinfelder. Ich werde, wenn ich morgen ins Restaurant gehe, auf Wein von der Insel achten. Wenige Stunden später ist das Wasser wieder da. Ein Abendspaziergang am Strand. 8 Wochen! 8 Wochen nach dem 30. April, an dem ich mir den Ermüdungsbruch im rechten Fuß zulegte. Ich gehe zum ersten Mal wieder in Sandalen. Der Fuß braucht Übung. Nomi rennt auch ohne Schuhe. Nur nicht ins Wasser. Schließlich ist sie als Schipperke ein Bootshund. Wäre fatal, wenn so ein Hund immer ins Wasser wollte. Es ist ein wunderbares Gefühl am Wasser. Ein warmer Wind weht, die Wellen rauschen und es riecht so gut. Der Zugang zum Strand erfolgt über eine Rampe mit einbetonierten Steinen und ist sehr beschwerlich. Erst am nächsten Tag werde ich erfahren, was es damit auf sich hat. Ein Schild mit Beschreibung und alten Fotos zeigt den „Triumphbogen" mit Holztoren zu beiden Seiten. Ein großes hölzernes Boot, ein Rettungsboot, das hier, geschützt vor Meer und Witterung, gelagert wurde. Deshalb auch diese Rampe. Ich habe Schwierigkeiten ohne Stock, den ich vergessen hatte mitzunehmen, wieder hochzukommen. Eine junge Frau hilft mir. Vermutlich eine Spanierin. Ich rufe ihr ein GRACIAS hinterher. Sie dreht sich um und lächelt. Eine Französin kommt mir, als ich wieder auf dem Weg bin, entgegen und bleibt staunend stehen. So geht es wohl jedem, der nicht zufällig im Internet Bilder davon gesehen hat. Auch ich hatte vorhin diesen irritierten Blick.

Später werden wir noch einmal zum Strand gehen. Ein MUSS am Meer: Der Sonnenuntergang. Und eine gut besuchte Veranstaltung am Strand. Immer wieder schön. Und  dazu Hochwasser. Herz, was willst du mehr.

Tag 16 – Strand und Leuchtturm

Montag, 26.6.23

Ich habe gut geschlafen. Allerdings wachte ich gegen 6 Uhr auf. Sofort leckt Nomi meine Nase. „Platz. Schlaf weiter" Das machen wir beide – begleitet vom Gesang der Ringeltauben. Bis 7:30 Uhr. Ich quäle mich, abgestützt an Stock und Stuhl aus dem Zelt auf die Füße. Der Gang mit Nomi führt uns zuerst Richtung Strand, um dann auf den Leuchtturmweg abzubiegen. Praktischerweise steht dort ein Müllbehälter, in dem ich das Tütchen entsorgen kann. Später bin ich dran mit der Morgentoilette. Sonnenschutz, nicht wie sonst nur im Gesicht, hier etwas mehr, denn ich kürze meine Hose. Die Beine haben bisher nur wenig Sonne abbekommen. Um 8 Uhr schließlich kann ich das Pain au chocolat in der Boulangerie vorne abholen.

Das Entzünden meines Festbrennstoffes will nicht gelingen. Hier herrscht angenehmer Seewind, der in diesem Moment aber stört. Nach drei vergeblichen Versuchen setze ich mich ins Auto. Mit meinem brennenden Öfchen komme ich wieder heraus und stelle es auf eine sandige unbewachsene Fläche.

Es ist 10 Uhr, und ich wollte gerade zum Strandspaziergang aufbrechen, als ich von einem jungen Mann – dem übernächsten Nachbarn - angesprochen wurde. Im Gespräch stellt sich heraus: Der Vater Schweizer, Mutter Norwegerin. Aufgewachsen in Deutschland. Gestern hatten wir – er, seine Freundin und ich - schon ein Gespräch. Nun wollen sie sich verabschieden. Sie sind mit einem kleinen Camper unterwegs. Während des Gespräches zeige ich wieder einmal ein Foto von mir: 1978 am orangefarbenen Bully: Es stellt sich heraus, dass es das Geburtsjahr von Pia ist. Da sich auf dem Foto das große Symbol: ATOMKRAFT NEIN DANKE befindet, kommen wir natürlich auch auf die Energieversorgung zu sprechen. Norwegen ist reich an Erdöl und hat mit dem Umbau der Energieversorgung begonnen. Wasserkraft ist ein Aspekt, Windkraft ein anderer. Er berichtete von den Problemen im Norden, wo die Windenergie stärker ausgebaut werden soll. Es ist das Siedlungsgebiet der Samen, der Ureinwohner, die dieses Gebiet seit etwa 10.000

Jahren bewohnen. Einige von ihnen leben noch halbnomadisch von der Rentierzucht. Die Nationalgrenzen zwischen Norwegen, Schweden und Finnland spielen für die Weidegründe in Lappland keine Rolle. Immer wieder gibt es Konflikte um Holzgewinnung, Erzabbau und nun bei der Errichtung von Windkraftanlagen. Ich empfehle ihm das Buch DAS LEUCHTEN DER RENTIERE, das ich vor dem jetzigen Provence-Roman und dem Buch über die Eselswanderung von München ans Mittelmeer gelesen hatte.

Wir sprechen über viele Themen und könnten uns immer weiter unterhalten. Aber sie wollen losfahren, und ich möchte an den Strand.

Um 11 Uhr ging ich endlich durch das Tor (ehemaliger Unterstand für ein Rettungsboot) zum Strand. In festen Schuhen - und seit heute wieder mit beiden normalen Einlagen sowie mit Stock. Es geht noch nicht anders. Der Strand besteht aus Sand, kleinen Kieseln und großen Steinen. Zu meinem Erstaunen ist er menschenleer. Und ich machte das, was ich in solchen Fällen in Dänemark auch immer mache. Ich zog mich aus, eierte mit Hilfe des Stocks ans Wasser und schwamm los. Auch Nomi machte das Übliche. Sie begleitete mich kurz, um anschließend zurückzulaufen und auf meine Sachen aufzupassen. Ihr Job. Als ich zurückschwimme, sehe ich, dass das Wasser droht meinen

Stock wegzuspülen. Der Wasserhöchststand war also noch nicht erreicht. Aber es geht alles gut. Ich lasse mich von Sonne und Wind trocknen. Kaum war ich wieder angezogen, um weiterzugehen, füllt sich der Strand – zumindest etwas. Nomi rennt frei herum, auch auf grünbewachsene Molen hinaus. Zwischendurch gibt es immer wieder Tubenleberwurst, um mich in Erinnerung zu bringen. Hunde können wie Kinder sein und alles um sich herum vergessen. Schipperkes sind dazu extrem neugierig, was sie gerne in größere Entfernungen zieht. Wer weiß, was es dort Spannendes zu entdecken gibt. Sie scheinen alles zu vergessen, nicht aber die Leberwurst.

Der alte Leuchtturm in Form eines alten Wehrturmes, erbaut von - mir inzwischen gut bekannten – Vauban, ist einer der 3 ältesten in Frankreich. Der neue steht gleich daneben. Beide aus Kalkstein (Calcere, Limestone), aber zusätzlich auch Granit. So lautete die Antwort auf die Frage eines Earth-Cache hier. Sie sind nicht vollständig aus Granit gebaut. Schließlich sind wir hier nicht in der Bretagne. Passend zur Mittagszeit sind wir angekommen im Restaurant Phare. Ich habe einen 2-er Tisch gefunden. Zögern bei der Bedienung. 1 Person am Zweiertisch? „Oui, je suis seul". Schlecht fürs Geschäft. Ich war schon bereit, zu sagen: "Pardon, mon mari est mort". Als ich das Menü für 25 € bestellte und 1 Bier

– bière pression blonde, war sie zufrieden. Aber ich fragte dann noch – wie ich es immer mache - ob ich mit Karte zahlen könne: „Bien sûr", war die Antwort, die ich immer wieder in Frankreich höre. „Ich bin aus Deutschland", erklärte ich. Sie lachte. Ich auch. Denn leider ist es hier in Deutschland immer noch nicht selbstverständlich. Ich erinnerte mich kurz an die Bezahlung der ersten Übernachtung in Hessen, als ich zum Koffer, der sich bereits im Auto befand, gehen musste, um den etwas größeren Betrag Bargeld zu holen. Der Ärger war verflogen, und ich wäre auch nicht bereit gewesen, mich zu ärgern. Verlorene wertvolle Lebenszeit. Im Gegenteil: Ich genoss die Zeit hier und das Essen. Als Entrée gebackene Crevettenbällchen mit Salat, dann das Hauptgericht Penne mit Muscheln in Safransoße und als Dessert eine leichte Panna Cotta mit Fruchtsoße. Ich sehe mich um. Natürlich sitzen überall nur Paare oder Familien mit Kindern. Dicht neben uns befinden sich zwei weitere Hunde, die sich angiften. Ein kleiner Terrier und ein schwarzer Mops. Zum Glück beteiligt sich Nomi nicht an der lautstarken Auseinandersetzung. Sie liegt entspannt unter meinem Stuhl. Es ist schön hier. Die Temperatur angenehm. Blick auf den Leuchtturm. Ich bin gerne am Meer und ich mag Leuchttürme. Erinnerungen an häufige Besuche der Bretagne und Normandie holen mich ein. Kurz werde ich etwas wehmütig. Aber ich bin auch glücklich und zufrieden. Am Eingang zur

Terrasse warteten bald drei Paare. Wir machen einem davon Platz.

Zurück zum Zelt geht es in nur 8 Minuten. Nun wird gefaulenzt. Ich lese weiter in dem Provence-Krimi einer selbstbewussten Kommissarin aus Paris. Die Provence ist noch nah und wird sehr schön beschrieben. Auch hier wird immer das vom Patron empfohlene Gericht gegessen: Plat du Jour. So mache ich es auch meistens. Und wieder komme ich zwischendurch mit Deutschen ins Gespräch. Ich falle eben auf mit meinem Zelt und dem Hund. Das Paar war vorher in Chartres. Bei meinen Vorüberlegungen im April und Mai hatte ich auch einmal an diesen Ort als Ziel angedacht, aber wieder vergessen. Chartres ist bekannt für seine Kathedrale aus der Phase Gothique classique. Erbaut wurde diese von 1194 und bis 1260. Und dort soll es täglich nach Einbruch der Dunkelheit eine Lightshow geben, erfahre ich. Ich recherchiere im Routenplaner von Google Maps. Knapp 5 Stunden Fahrtzeit. Mit Pausen perfekt. Damit ist für mich klar: Das wird die nächste Station am Mittwoch. Ähnliche Veranstaltungen gibt es natürlich auch in Norddeutschland. Aber ich bin immer zu träge, extra hinzufahren. Außerdem fahre ich inzwischen ungern im Dunklen.

Nun sieht man Plan für diese Woche so aus:
Mittwoch: Chartres
Donnerstag: Irgendwo in Luxemburg

Freitag: Göttingen oder weiter nördlich
Samstag: Groß Grönau

Bernd, der Housekeeper fragt über den Messenger, ob er erst am nächsten Dienstag zurückfahren dürfe. Er möchte jemanden bei einem Termin unterstützen. Pas de problème. Die WG mit uns klappte sehr gut. Meine Sorgen waren völlig unbegründet. Morgen werde ich ein Hotel in Chartres buchen. Aber nun erst einmal Nomi füttern. Weiterlesen und das Urlaubsfeeling genießen. Am Meer zu sein hat für mich immer noch eine ganz besondere Qualität. Selbst im Winter nehme ich kleine Auszeiten an der Ostsee. Immer kurzfristig gebucht, nach dem Blick auf die Wetter-App. Denn Dauerregen möchte ich vermeiden. Ich habe mir angewöhnt, unterstützt von der Technik, spontaner zu sein. Das gefällt mir gut. Auch das Ferienhaus in Dänemark im August letzten Jahres habe ich erst 2 Tage vorher gebucht. Man hat zwar nicht mehr so viel Auswahl wie im Winter, aber wenn man sich nicht unbedingt auf einen Ort festlegt, funktioniert es gut.

Seit heute Morgen trage ich meine Sneaker mit den normalen Einlagen. Die harte Sohle liegt im Auto. Ich merke, dass ich ganz langsam wieder beginne, den Fuß abzurollen. Aber der Gang ist noch unrund. Das merke ich auch wieder am Abend, als ich erneut Richtung Leuchtturm gehe. Ich habe Lust auf ein Glas Rosé des dunes von der Insel. Dazu eine kleine Portion Moules marinières. Beim ersten Schritt auf die Terrasse blickt ein dort sitzendes junges Mädchen Nomi ganz entzückt an. Sie fragt nach der Rasse. Ich nenne sie, schon hat sie gegoogelt und zeigt stolz einen kleinen schwarzen Hund auf ihrem Display. Das ist gut, dass sie so fit in der Internetrecherche ist, denke ich und sage es ihr auch. Sie strahlt mich glücklich an. Ich gehe weiter und setze mich. Am Nachbartisch zwei Hunde, die Stress machen, sich aber bald beruhigen. Am anderen Tisch eine junge Frau, die immer wieder Nomi ansieht und offensichtlich auch schockverliebt ist. Ich glaube, Nomi weiß, welchen Augenaufschlag sie machen muss, um andere Menschen für sich einzunehmen. Ich frage, wie immer, ob ich mit Karte zahlen kann. „Bien sûr" höre ich, wie immer mit einem mitleidigen Gesichtsausdruck. Ich erkläre dann immer lächelnd, dass ich aus Deutschland komme. Inzwischen ist dies bei mir zuhause jetzt immerhin auch beim Griechen möglich. Beim Chinesen leider immer noch nicht. Einmal habe ich, als ich mich für den spontanen Besuch des Mittagstisches dort entschied, das Parkkleingeld aus dem Auto genommen, denn ich hatte nur das Smartphone, aber kein Portemonnaie dabei. Hier ist es nirgendwo ein Problem. Aber man kann nicht überall mit dem Smartphone zahlen, benötigt gelegentlich die Karte selbst. Die Muscheln schmecken nach Meer, der Wein zum Glück nicht. Ich genieße beides. Nach dem Bezahlen mit dem Smartphone machen wir uns auf den Weg. Kurz vor Ende der Terrasse sehe ich am Boden ein Schälchen mit Mayonnaise liegen. Ich mache den Kellner darauf aufmerksam. Er nimmt es weg. Nomi übernimmt die Reinigung des Bodens. So, wie sie es auch zuhause macht. Manchmal rufe ich sie sogar in die Küche, wenn ich beispielsweise Sahne verschüttet habe. Alle amüsieren sich. Ich halte die Hand auf und verlange 2 Euro für die Nettoyage. Ich bekomme sie nicht, aber Nomi hat ja gewissermaßen eine Belohnung bekommen. Fröhlich gehen wir Richtung Campingplatz. Ich merke, wie mein Gang immer runder wird. Ein gutes Gefühl. An Zäunen und Grashalmen sehe ich kleine Gehäuseschnecken kleben, die offenbar schon schlafen. Es ist inzwischen relativ kühl geworden. Also bastele ich die Beine wieder an die Hose und ziehe einen Pullover über – zum ersten Mal auf dieser Reise. Frischer Seewind. Der Mobilempfang, der hier relativ schlecht ist, bricht gerade wieder zusammen. Also schreibe ich ganz analog mein Tagebuch. Danach beende ich, im Zelt sitzend, den Provence-Roman. Zwischendurch guckt Nomi immer mal rein. In der Dämmerung gehen wir noch einmal zum Wasser. Der Leuchtturm macht, was seine Aufgabe ist – er leuchtet. Der halbe zunehmende Mond steht am Himmel. Es ist schließlich 23 Uhr. Nomi will in Zelt. Ich komme mit. Bald darauf schlafen wir.

Tag 17 – Salzmarsch

Dienstag, 27.6.23

Es ist 6:30 Uhr. Ich werde wach, weil die Ringeltauben auch wach sind. Diese gurren um die Wette. Drei Strophen, vier Strophen mit und ohne Guckk am Ende. Ja, das habe ich irgendwann auf einem Campingplatz an der Loire in ähnlicher Situation beobachtet. Ich lag, wie hier, noch im Bett, allerdings im Wohnwagen. Auf den kleinen Bäumen ringsum saßen die Tauben, sangen und gurrten. Mir fiel auf, dass einige ihr Lied mit einem Einzelton abschlossen, den ich den Guckk nannte. Seitdem zähle ich automatisch die Anzahl der Strophen, wenn ich eine Taube höre. Und achte darauf, ob es die kleine Zugabe gibt. Irgendwann während dieser Reise zählte ich sagenhafte 13 Strophen. Ich bin sicher, dass es tatsächlich nur EINE Taube war.

Nomi kommt zu mir ins Bett. Das ist natürlich nur ein Schritt für sie, schließlich befinden wir uns auf Augenhöhe. Nachdem wir etwas gekuschelt haben, beginne ich den Tag wie jeden Tag. Anders ist, dass ich meine Sneakers mit den normalen Einlagen trage. Der Fuß schwillt aber weiterhin im Laufe des Tages stark an. Ich hoffe, dass die jetzt wieder normale Bewegung dafür sorgt, dass er in naher Zukunft auch wieder der Alte ist. Vielleicht ist es ein Lymphstau, der durch die wieder aktivierte Venenpumpe behoben wird. Mit diesen Gedanken und dem Halbwissen gehe ich auf dem Weg Richtung Leuchtturm. Als es zurück geht, mache ich einen kleinen Abstecher durch das Tor zur Rampe. Vor uns ist es wieder grün. Zwischen den Pflanzen – Algen und Tang – sehe ich die Felsen. Hier scheinen sie alle aus Kalkstein zu sein. Die Granitwelt beginnt wohl erst weiter nördlich auf der bretonischen Halbinsel. Weit hinten sehe ich die Wellen, höre sie aber nicht. Es herrscht fast eine absolute Stille. Ich liebe diesen frühen Morgen. Es ist noch kühl mit 16°C und leicht bedeckt. Wir gehen zurück und haben nicht einen Menschen gesehen. Erst um 8 Uhr werde ich mein Schokoladenbrötchen bekommen. Schlecht für eine Lerche wie mich. Ich werde die Zeit nutzen, um zu lesen. Ich habe keine Verpflichtungen wie zuhause, wo mich die Arbeit aus jeder Ecke ansieht und nach mir ruft. Umso mehr genieße ich jeden Moment, auch diesen. Der Stuhl steht im Zelt, ist aber gedreht, sodass sich der Oberkörper im Zelt befindet, die Beine draußen. Nomi hängt an der langen Leine, kommt zu mir und krabbelt auf den Schoß. Dieses morgendliche Ritual erfolgt normalerweise erst nach dem Frühstück.

Wir genießen es beide aber auch jetzt. An der Powerbank laden Smartwatch und Hörgeräte auf, an der zweiten das Smartphone. Auch hier hatte ich die  Frage nach Électicité mit „non" beantwortet. Auto und Solarpaneel am Zelt. C'est tout.

Es ist 8 Uhr in der Boulangerie. Eine Liste mit Namen. Wer hat was bestellt. Ich erkenne meinen langen Namen und bekomme mein Frühstücksteilchen. Ich bin bereits gegangen, als man mich ruft. Morgen? Ach ja, morgen bitte deux – 2 – pain au chocolat. Denn morgen werde ich weiterreisen – nach Chartres. Heute entzünde ich die Esbit-Tablette gleich im Auto. Topf drauf und etwa 15 Minuten warten. Ich plane währenddessen meine Route. Mein Plan, Schengen oder Maastricht, schon wegen der Symbolik, als Etappenziel zu wählen, scheitert mangels Hotels. Und nach langer Autofahrt werde ich wenig Lust haben, ein Zelt aufzubauen. Deutschland - schon übermorgen? Nein, ich möchte den letzten Abend in Frankreich verbringen. Also Lothringen, Grenzort Forbach.

Nun sieht mein Plan für diese Woche so aus:
Mittwoch: Chartres
Donnerstag: Forbach
Freitag: Göttingen oder weiter nördlich

Es ist auf dieser Reise wie im Leben. Alles ändert sich unablässig. Man macht Pläne, um sie bald darauf zu verwerfen. Entweder, weil man es will – oder – weil man es muss. Ich bin in der glücklichen Lage, freiwillig Planänderungen vorzunehmen. In die Hotel-Buchungs-App gebe ich zuerst das Datum 28.6.23 ein und Chartres. Dann weiter 1 Person, 1 Nacht, Haustiere erlaubt, Parkplatz, Frühstück. WLAN ist inzwischen völlig selbstverständlich, muss also nicht extra erwähnt werden. Ich finde ein Zimmer nahe dem Bahnhof sowie der Kathedrale. Während ich gleich darauf den 29.6. und als Ort Forbach mit den ansonsten identischen Filtermerkmalen eingebe, ploppt die Bestätigung der ersten Buchung auf. Und auch von der zweiten Buchung kommt sie nach kurzer Zeit. Nun ist also die Rückreise mit ihren Unterkünften geklärt. Wie es sich am Freitag entwickelt – ich werde es erleben. Hoffe ich jedenfalls. So denke ich tatsächlich, denn absolut nichts ist sicher. Das denke ich, ohne deswegen bedrückt zu sein.

Das Kaffeewasser ist fertig, Kaffeepulver hinein, umrühren. Ich genieße das Frühstück, inzwischen draußen sitzend, denn es ist wärmer geworden. Danach ein Blick in meine Sparkassen-App. Die Kreditkartenabrechnung zeigt bisher Mautbuchungen von 80 €. Der Blick auf das Girokonto erstaunt mich: Ich habe tatsächlich eine gute Steuerrückzahlung vom Finanzamt erhalten. Der überwiesene Betrag stimmt mit dem berechneten der Steuersoftware gut überein, soweit ich mich erinnere. Es ist also tatsächlich so, dass man im ersten Jahr nach dem Tod des Ehepartners großzügig – in diesem Fall: wenig – besteuert wird. Damit ist meine Reise weitgehend finanziert.

Heute werde ich einen Ausflug machen. Ich habe aber keine Lust weit zu fahren. Keine 20 km oder mehr. Ich wechsle die Kartenansicht von Satellit auf Standard. Das mache ich immer dann, wenn ich Wasserflächen erkennen möchte. Denn in der Sattelitenansicht kann man Bäche und Flüsse schon einmal mit Straßen und Wegen verwechseln. In der Standard-Karten-Ansicht sind diese deutlich blau gefärbt. Nicht weit entfernt von meinem Standort sehe ich viel Blau, umgeben und durchdrungen von Weiß. Die Flächen sind teilweise rechteckig. Ich erkenne sofort, was es ist, denn Salzmarschen habe ich bereits auf der Île de Noirmoutier und bei Guérande in der Bretagne gesehen. Hier wird offensichtlich auch Salz gewonnen. Mich faszinieren Natur und Technik. Die Gewinnung von Meersalz ist eine uralte Tradition und liegt irgendwie zwischen beiden. Natur, gepaart mit Technik. Danach dann ans Meer zum Mittagessen. Nachmittags chillen. Ein guter Plan, denke ich.

Das Ziel tippe ich im Smartphone an und befestige das Gerät in der Autohalterung. Nomi freut sich offensichtlich auch auf Abwechslung und springt auf die Rückbank. Click und schon ist sie befestigt. Kaum unterwegs, da hat es sich die Sonne überlegt und sieht neugierig in die Landschaft. Ich nähere mich dem Marais salants. Es sind etliche Radfahrer unterwegs. Hier gibt es sogar eine Fahrradschnellstraße. Die Insel scheint gutes Fahrradgebiet zu sein. Ich habe hier schon diverse andere Radwege gesehen. Ich selbst fahre mit dem Auto in eine Sackgasse, mitten hinein in die Salzgärten. Dort sehe ich die Teiche, die Becken, die Beete. Hier wird in den Salzgärten nach einem ausgeklügelten System Meersalz sowie das edle Fleur de Sel gewonnen. Durch Niveauunterschiede gelangt das Meerwasser aus Teichen schließlich in die Salzgärten. Verdunstung von Wasser führt zur Anreicherung des Salzes, bis es schließlich auskristallisiert. An der Oberfläche als Blume des Salzes: Fleur de Sel. Der Salinier - Salzgärtner - bearbeitet die Salzsole, um Konzentrationsunterschiede auszugleichen und die Kristallisation zu fördern. Urlauber und Salzgärtner haben eine Gemeinsamkeit: Sonne und Wind sind ihre Freunde. Regen unerwünscht. Ich sehe einen Salzgärtner, der gerade seine Arbeit beginnt. Mit einem Schieber an einem sehr langen Stiel schiebt und bewegt er die Wasseroberfläche. Irgendwann wird an der Oberfläche die „Blume des Salzes" kleine

Kristalle bilden. Ich habe gefragt, ob ich filmen dürfe. Ich durfte. Ich habe ihm erzählt, dass ich jeden Sonntag ein Ei mit Fleur de Sel esse. Dass dieses aus Guerande (Bretagne) stammt, muss er ja nicht erfahren.

Nach dem Besuch der Salzgärten suche ich bei Google Maps ein Restaurant am Meer. 7 Minuten Fahrt. Perfekt. Nachdem ich 2 Minuten gefahren bin, sehe ich kurz vor einem Dorf rechts einen Parkplatz, den ich ansteuere. Ich wollte einmal ein anderes Wohngebiet als den Campingplatz ansehen. Dann gehe ich los, vorbei an hübschen weißen Häusern mit grünen Türen und Fensterläden, umgeben von üppig wachsenden und blühenden  Pflanzen. Oleander, sogar Stockrosen – wie in Dänemark. Dort sind die Häuser allerdings meistens gelb. Ich biege links ab, um das Quarre zu beenden. Zu meiner Linken ein Gartenlokal – Restaurant du Jardin. Ein kleines Holzhaus, dazu Tische und  Stühle. Diese stehen auf dem Gegenteil eines englischen Rasens. Charmanter Wildwuchs. An der Bude lese ich WC. Auch das ist eine Entscheidungshilfe. Also gehe ich spontan in den Garten. Der Patron kommt mit einer der hier üblichen Tafeln, um mir das Angebot zu zeigen. Une Assiette de Crevettes. Vielleicht hat mich das Foto des Nordseekrabben pulenden Freundes dazu animiert, das ich gerade gesehen habe. Ich habe jedenfalls schneller etwas zu essen, als er, denke ich. Die Schale abpulen muss auch ich. Dann der unvermeidliche Gang zum Klo. Nomi liegt immer noch unter dem Stuhl als ich zurückkomme. Sie hat sich zu einem guten Begleithund entwickelt. Ma copine.

Zurück zum Campingplatz. Mittagsstunde – dösen, lesen, gar nichts tun. Es ist inzwischen 14 Uhr. Die Sonne scheint, die anfängliche Schwüle verflogen. Gegen 13 Uhr war Hochwasser. Mir fällt ein, dass ich noch einen sogenannten virtuellen Cache abhaken wollte. Dazu muss man nur ein Beweisfoto mit sich selbst an den angegebenen Koordinaten machen. Hier ist es das Tor, gemeinsam mit dem alten Leuchtturm sowie der Schiffsfunkanlage. Oh, ich sehe, ich muss meinen Alias-Namen als Cacherin auf einen Zettel schreiben und vor mich halten. Ich muss beweisen, dass ICH an diesem Ort war. Logisch irgendwie. Ich habe keinen Zettel dabei, nur einen Schreiber. Mal sehen, was sich ergibt. Ich staune, dass wieder kaum Menschen zu sehen sind. Es geht runter an den Strand. Nomi darf, nachdem sie ihre Leberwurst bekam, wieder rennen. Zwischendurch kommt sie zurück, um wieder etwas zu naschen. In der Mitte – zwischen Tor und Leuchtturm – bleibe ich stehen. Weit hinten sehe ich Menschen. Perfekt. Zeit für ein Bad. Ich ziehe mich aus.

Nomi setzt sich neben den Rucksack und passt auf. Leider habe ich keinen Stock dabei, den ich gut gebrauchen könnte., denn vom Sandstrand kommend finde ich am Wasserrand flache Felsen. Außerdem ist der Sog schon recht stark. Wir haben ablaufendes Wasser. Ich habe im Gezeitenkalender im Internet nachgesehen. Ich finde eine Wanne im Felsen, in die ich mich, mit dem Rücken zur Brandung, lege. Es ist besser als jeder Whirlpool. Eine herrliche Rückenmassage mit Blick auf den Strand. Ich werde hin und her geschaukelt. So ähnlich, wie wohl die früher hier gestrandeten Wale, nach denen diese Ecke hier und der Leuchtturm benannt sind. Phare des Baleines. Baleines – Wale – wieder ein Wort, das ich mir übersetzen ließ. Auch der Campingplatz trägt diesen Namen und hat Wale im Logo, was mich zunächst wunderte. Die Haare sind nass geworden – pas de problème. Ich lasse den Körper in Sonne und Wind halbwegs trocknen und ziehe mich an. Wir bleiben aber zunächst weiterhin unten am Strand sitzen. Nomi leistet mir Gesellschaft und rückt mir auf den Pelz. Etwas unbeholfen mache ich ein Selfie – Gruppenmodus – von uns. Inzwischen kommen andere Menschen vorbei. Wir gehen später, wie gestern, weiter Richtung Leuchtturm und Nomi wiederholt das Spiel vom Vortag – bis zum äußersten Punkt im Atlantik auf den grünen Wellenbrechern entlangrennen, Vögel aufscheuchend. Mir geht durch den Kopf, dass Schipperkes Bootshunde sind, gezüchtet für die Bewachung der Kanalschiffe. Offenbar war es Zuchtziel, dass sie es lieben, von Wasser umgeben zu sein, aber wenig Lust verspüren, in dieses zu gehen. Egal, Hauptsache, sie hat ihren Spaß und ich damit auch.

Das Areal hinter dem Leuchtturm ist lebhaft bevölkert. Restaurants, Bars, Läden. Radfahrer, die ihre Räder an sehr praktischen Fahrradhaltern abstellen und sichern können. Im Grunde sind es einfach senkrecht stehende dickere Bretter, die in den Boden eingelassen sind. Versehen sind diese mit Löchern unterschiedlicher Größe und Höhe. Einfach, schön, kreativ.

Ich sehe eine Schlange vor mir. Eigentlich ein Grund, mich sofort abzuwenden. In diesem Fall stellen wir uns dazu. Irgendwann, irgendwo las ich von DEM Eisladen der Insel. Es passt perfekt zu diesem Zeitpunkt. Ich weiß, dass ich heute Abend noch ein Essen auf meinem „Zettel" habe. Dann bin ich eben heute nicht nur Gourmet, sondern auch Gourmand. Vor dem Kauf die übliche Frage und die übliche Antwort. Natürlich kann ich mit Karte zahlen. Ich entscheide mich, um ein paar Kalorien zu sparen, gegen die Waffel und für einen petit pot mit 3 Kugeln: Mangue, Souvenir de Marrakech und Caramel Fleur de Sel. In der Nähe eine lange Bank, auf die ich mich setze und genieße: Das fruchtige, erfrischende

Mangoeis, das köstliche Salzkaramelleis, und die Erinnerung an Marrakesch mit kleinen Dattelstückchen – sehr lecker. Der Topf kommt, nachdem Nomi die Reste auslecken durfte, in einen Müllbehälter. Den Holzlöffel verwende ich, um meinen Alias-Namen drauf zu schreiben. Auf dem Weg zum Campingplatz kommen wir am Tor vorbei. Dort mache ich das Selfie mit dem beschrifteten Löffel zwischen den Zähnen, Tor, alter Leuchtturm, Schiffsfunkanlage. Gar nicht so einfach. In der Hand halten konnte ich den Löffel ja nicht. Zum Glück werde ich nicht beobachtet, sonst würde

man mich vielleicht abholen. Ich logge in der App. Es sind nur wenige Schritte zurück zum Zelt. Erst einmal duschen. Das Salz muss vom Körper und aus den Haaren entfernt werden. Morgen geht es auch weiter, mal wieder in eine Stadt und ein Hotel. Zur Abwechslung ziehe ich das gelbe Leinenkleid an, dass ich in der Provence auf dem Markt gekauft habe. Die Haare trocknen mit regenerativer Energie: Sonne und Wind. Nomi hatte inzwischen ihr Futter. Sie liegt abwechselnd auf der Seite oder dem Rücken unter dem Schattenbaum. Was ist das eigentlich für ein Baum? Das fragte ich mich gestern schon. Die großen Blätter erinnern mich entfernt an Ahorn. Neben mir liegt das Täschchen mit dem Smartphone. Ich zoome ran und mache ein Foto, das ich zu Google Lens sende. Weiße Maulbeere.

Ich staune. Nun erst sehe ich genauer hin und sehe tatsächlich kleine Maulbeeren. Sie brauchen aber noch. Die Reife wird wohl erst im August oder sogar noch später erfolgen.

Ich beginne ein neues Buch „Der Traum von einem Baum" von Maja Lunde zu lesen. Die anderen drei gefielen mir auch, das Thema, die unterschiedlichen Erzählebenen. Es beginnt in Spitzbergen, weit oben im Norden. Dass ich irgendwann fröstle, liegt aber nicht daran, sondern an der tatsächlich herrschenden Temperatur. Ich ziehe wieder eine Hose mit leichtem Pullover an. Um kurz vor 19 Uhr gehe ich wieder zum Leuchtturm. Mir ist eingefallen, dass in einer Woche ein Freund 75 Jahre alt wird. Ich glaube, Wein wäre ein gutes Geschenk für ihn. Ich habe Glück, ein Laden - und zwar genau der richtige – hat noch geöffnet. Ich kaufe einen 3-er Karton mit Wein von der Insel und eine Tüte Salzkaramell. Danach wird der Laden geschlossen. Glück gehabt. Mit dem Paket wandere ich in das Restaurant am Leuchtturm, wieder zum gleichen Tisch auf

der Terrasse, an dem ich gestern saß. Gestern nahm ich Plat du Jour, heute – und das muss einfach sein – Moules frites. Ein Gericht, dass mich über all die Jahre in Frankreich begleitet hat. Ich fand es immer sehr merkwürdig: Muscheln mit Pommes frites. Erst vor 20 Jahren aß ich es zum ersten Mal und war überrascht: Es schmeckt. Ich sehe auf der Tafel die Variante Moules charantaises (Pineau & Crème) frites. Pineau des Charentes ist ein Likörwein und besteht aus leicht vergorenem Traubenmost und Eau-de-vie, dem Rohstoff für Cognac. Beides stammt aus dieser Region Charentes und Charentes-Maritim. Dazu ein Glas Rosé des dunes. Eine Dame meiner Altersklasse, die auf einem höheren Stuhl sitzt, wird von Nomi „angefallen". Ich entschuldige mich. „Pardon, madame". „Pas de problème – die Tiere merken wohl, dass ich sie mag." Und sie merken, wenn man Angst vor ihnen hat. Sie stammt aus Paris und hat ein kleines Haus auf der Insel, in dem sie einige Wochen verbringt. Wir unterhalten uns, bis das Essen kommt. Das Essen ist köstlich. Zuletzt löffle ich den cremigen Sud. Vielleicht habe ich dabei sogar gebrummt, wie es mir manchmal bei sehr leckeren Suppen und Soßen ganz unbewusst passiert. Ein schönes Abschiedsessen von der Küste. Ein Abschiedsessen…

Begleitet vom Gurren der Ringeltauben, auf die schlafenden Schnecken an Zäunen, Schildern, Halmen und Pfosten blickend, gehen wir zu unserem Zelt. Es ist kühl geworden und windig. Also setze ich mich zum Lesen ins Zelt. Vorher fiel mir aber noch ein, schon einmal das morgige Ziel ins Navi einzugeben und zu speichern. Da mein E-Book-Reader Beleuchtung hat, muss ich nicht einmal die Lampe einschalten. Ich lade die Geräte auf. Das Solarpaneel hat tagsüber wieder Strom produziert und in einer Powerbank gespeichert.

22:45 Uhr. Ich bin gerade im Begriff einzuschlafen, da höre ich einen Hubschrauber. Nanu, sucht man noch jemanden am oder im Meer? Es ist inzwischen dunkel. Der Hubschrauber kommt näher, entfernt sich, bleibt aber hörbar. Kurz darauf ist er wieder da, zwischendurch auch direkt über mir. Das Ganze wiederholt sich mehrmals. Es wird immer gespenstischer, je länger es dauert. Zum ersten Mal auf dieser Reise habe ich Angst. Ich quäle mich aus dem Zelt. Der Mond ist wieder etwas voller geworden, der Leuchtturm macht seine Arbeit. Und der Hubschrauber, der sich gerade etwas entfernt hatte, kommt wieder näher. Ich bin nicht die Einzige, die das Geschehen beobachtet. Es scheint kein Ende zu nehmen. Dann aber endlich doch. Exakt 30 Minuten: Von 22:45 – 23:15 Uhr lief diese gruselige Vorstellung. Sehr merkwürdig. Zurück ins Zelt. Nomi schläft weiterhin tief und fest und hat von alledem nichts mitbekommen. Sie ist ein Wachhund, denke ich – etwas vorwurfsvoll.

Tag 18 – Chartres

Mittwoch, 28.6.23

6:30 Uhr. Die Tauben. Trotz der abendlichen Störung gestern bin ich schnell eingeschlafen, was mich erstaunt. Als wir später unseren morgendlichen Hundegang am Leuchtturmweg machen, steht die Sonne rot über dem Campingplatz. Noch einmal gehen wir durchs Tor. Weit hinten die nicht hörbaren Atlantikwellen – Golf von Biskaya. Tschüss, es war schön hier. Gerne würden wir länger bleiben.

Ich beginne schon einmal mit dem Abbau. Zunächst Matratze und Schlafsack. Das Aufrollen geht jetzt schon viel besser als in der Provence, denn der Fuß kann wieder bewegt werden. Worüber man sich sonst nie Gedanken macht – sobald ein Körperteil nicht richtig funktioniert, merkt man erst was es alles leistet – und auf welche Weise. Ein Blick in das Smartphone, mein wichtigstes Gerät auf dieser Reise. Ich habe eine Nachricht vom Hotel in Chartres, natürlich auf Französisch. Ich kann mir den Sinn zusammenreimen, deshalb muss ich nicht übersetzen lassen. Ich soll vor dem Hotel zunächst bis zum Check In parken. Danach wird man mir meinen Parkplatz zeigen. Das klingt ja spannend. Kurz vor 8 Uhr, das Kaffeewasser ist aufgesetzt, gehe ich zur Boulangerie. Den 3. Morgen beobachte ich den Jungen, der angelernt wird. Die Saison steht bevor. Er hat noch immer Probleme, die wenigen Tätigkeiten zu koordinieren. Blick auf die Liste, wer hat was bestellt. Die Teile einpacken. Geld kassieren. Und die Vergesslichen fragen, was sie morgen möchten. Der Patron und ich sind geduldig. Ich tippe wieder auf meinen langen Namen in der Liste. Zum Schluss sage ich noch, dass ich heute abfahre. „Bon voyage" „Bonne journée". Am Zelt angekommen frühstücken wir gemeinsam. Nomi ihr Tütchenfutter. Ich habe auf dem Teller 2 Pain au chocolat sowie eine Kapsel hochdosiertes Vitamin D. Dazu etwa 450 mL Kaffee. Als ich den Teller leer gemacht habe und wegstelle, um den restlichen Kaffee zu trinken, kommt Nomi auf den Schoß um zu kuscheln – und zu schlafen.

Irgendwann muss ich sie stören. Zelt abbauen. Müll vorne im Auto deponieren. Leider auch die zweite Melone vom Markt. Ich hatte sie völlig vergessen. Es passiert mir extrem selten, dass ein Lebensmittel verdirbt. Und es macht mir immer ein schlechtes Gewissen. Dann fahren wir los, zunächst zur Rezeption. Ich zahle 78 € für 3 Nächte. Ich frage die junge Frau, ob sie wisse, was gestern Abend los war. Sie weiß es auch nicht und sagt, dass sie nicht einschlafen konnte. Da hatte ich mehr Glück. Gegenüber noch die Müllentsorgung. Die matschige Melone landet im Bio-Kompost-Behälter. Immerhin das. Es lindert mein schlechtes Gewissen ein wenig.

Ich starte Motor, Navi und wähle die ökonomischste Route. Ankunft: 14.18 Uhr steht im Display. Natürlich wird es später werden, aber das sieht schon gut aus. Eine schöne Fahrt über die Insel. Im Süden ein Markt, viele Menschen. Ich staune, dass ich keine Maut zahlen muss. Auf dem Festland hat man sich wohl überlegt: Wer auf die Insel fährt, kommt auch wieder zurück. Vor mir der Hafen von La Rochelle. Die alten Stadtmauern und Türme sind von hier aus nicht zu sehen. Schade zwar, aber ich habe sie in aller Ruhe vor Jahren bewundern können. Die Fahrt gestaltet sich entspannt, zwischendurch einmal eine Baustelle. Keine

Berge, keine Pässe. Dabei bin ich inzwischen so ge-übt. Richtung Poitiers, Nantes. Am Rand irgendwann ein voll erblühtes Sonnenblumenfeld. Die Blüten zeigen mir, wo die Sonne steht. Stimmt. An meiner rechten Seite. Denn ich fahre gerade in nördliche Richtung. Irgendwann überquere ich die Loire, fahre Richtung Angers. Wie erwartet, wird bald darauf Paris angezeigt. Mautstation. Es ist ein gutes Fahren. Ich muss tanken und hoffe , dort auch auf die Toilette zu können. Nicht möglich. Also halte ich Ausschau nach einem Parkplatz. Bei Le Mans finde ich endlich einen. Kleine Pause. Es gibt auch einen Cache hier, der zu einem kleinen Spaziergang einlädt. Außerdem muss ich nachsehen, wie das Hotel eigentlich heißt, denn dort auf der Ecke hatte ich mehrere gesehen und in Betracht gezogen.

Das Navi kündigt Kreisverkehre immer vorher an unter Nennung der wievielten Abfahrt, die zu nehmen ist. Manchmal wird nichts gesagt. Dann weiß ich, der Kreisverkehr ist neu und ich muss die Abfahrt nehmen, die geradeaus führt, meistens die zweite. Ich nähere mich Chartres. Schon von Weitem ist die Kathedrale zu sehen. Das war ja auch Absicht, denke ich – die Menschen damals zu beeindrucken, gar zu ängstigen. Das ist gelungen und wirkt noch heute. Das Beeindrucken, nicht das

Ängstigen. Es geht ganz gemütlich in die Innenstadt. Chartres ist auch keine Großstadt – 38.000 Einwohner, etwas mehr als Ahrensburg in meinem Kreis. Erst auf den letzten 700 m wird es etwas lebhafter. Ich will in die Hotelstraße – Einbahnstraße. Hätte ich genauer hingesehen, wäre mir das weiße Schild aufgefallen, das als Ausnahme die Anlieger erwähnt. SAUF RIVERIANS. So fahre ich um den Block herum, um am anderen Ende die gleiche Schilderkombination zu sehen. Wieder zeigt sich, wie wichtig das genaue Hinsehen ist. Das predige ich förmlich bei Benutzung der Apps auf dem Smartphone. Wir, auch ich, sehen meistens ins Zentrum und vergessen das Drumherum. Dann sehe ich auch die Parkbucht für das Hotel, in die ich rückwärts hineinfahre. Rucksack auf den Rücken, Koffergriff in die Hand. Und mein Täschchen mit Smartphone, Papieren und Notfallinformationen habe ich sowieso ständig umhängen. Im Hotel werden alle Formalitäten erledigt in einem Mischmasch aus Französisch und Englisch. Ich bekomme ein Zimmer im 3. Stock. Ob das ok sei. Das ist eine gute Übung, da es keinen Fahrstuhl gibt. Sie gibt mir zu verstehen, dass der Koffer stehenbleiben kann und sie erklärt, wo ich parken kann. Wir gehen raus, um die nahe Ecke herum. Gegenüber der Bushaltestelle wird sie sich hinstellen. Ich gehe zum Wagen, wende, fahre linksherum. Als ich auf Höhe der Bushaltestelle bin, drückt sie auf eine Fernbedienung und ein Tor öffnet sich im Gebäude. Ich fahre rüber in die Garage und darf den Platz 27 benutzen. Danach geht es wieder zum Hotel, mit Nomis Kombi-Wasser-Futter-Napf-Box und meinem Täschchen um den Hals. Ich bekomme den Schlüssel. Den Koffer trägt man mir hoch. Ich komme in ein Dachzimmer mit einem großen und einem kleinen Bett. Dem großen Bett fehlt nur noch das Gold, schon könnte man es mit dem einer Königin – oder Prinzessin (?) - assoziieren. Nomis Bett ist wohl das große. Schließlich ist sie meine Prinzessin. Ich bin nur die alte Königin. Ich habe mich, bescheiden wie ich bin, für das kleine Bett entschieden.

Danach geht es in die Innenstadt. Es ist nicht weit. Auf einem Platz ein großer Schriftzug CHARTRES – dahinter zeigt sich die Kathedrale. Ich stehe und staune. Auch über den betäubenden Duft, der mich umgibt. Ich gehe durch die Gassen zum Vorplatz, setze mich auf eine Bank, um in Ruhe das Bauwerk anzusehen. Klassische Gotik, nicht Hochgotik. Der Bau begann im 12. Jahrhundert. Beeindruckend ist die Rosette. Ein kurzes Gespräch mit neben mir Sitzenden. Nomi hat sie mit ihren Kulleraugen bezirzt. Und wieder die Frage: „Est-ce un Spitz? „ Non, c'est un Schipperke." Ich gehe zum Hauptportal. Nun habe ich ein Problem. Wohin mit dem Hund? Es ist sonnig und heiß. Ich finde aber ein schattiges Plätzchen an der Seite nahe dem Portal. Direkt am

Zugang stehen Bettler. Ich bin tatsächlich in Sorge, dass mir *ma copine* abhandenkommt. Sie tritt den meisten Menschen ohne Argwohn gegenüber und würde wohl auch mitgehen. Anders als im Restaurant, wo ich jemandem kurz die Leine in die Hand gedrückt habe, um kurz zur Toilette gehen zu können, ist das hier nicht möglich. Und so wird der Besuch in der Kirche nur kurz sein. Er reicht, um mich über die Kirchenfenster staunen zu lassen. Ich sehe Arkaden, die mich an romanische Bauweise erinnern. Vor allem sehe ich eine Kirche, die angenehm auf mich wirkt. Das klingt jetzt merkwürdig, aber katholische Kirchen sind häufig völlig überfrachtet mit Gold, Gemälden und sonstigem Prunk. Die letzte Kirche, die mich eher negativ beeindruckte, war der Dom zu Fulda. Da ich für einen „Rätselcache" dort einige Aufgaben lösen musste, um daraus die Koordinaten für das eigentliche Versteck berechnen zu können, sah ich mir alles genau an. Eine Frage betraf die Anzahl der Beichtstühle. Ich fand es völlig irre – es waren mehr als 10. Hier in Chartres fällt mir keiner auf, aber es wird wohl irgendwo in einer Ecke auch 1 bis 2 geben. Auf jeden Fall staune ich, was man mit den damaligen Hilfsmitteln geschaffen hat.

Der Hund ist noch da und freut sich, als ich zurückkomme. Weiter geht es durch Gassen, vorbei an Fachwerkhäusern. Ich lasse mich einfach treiben. Und es führt mich zu einem Café, wo ich einen

Café Liègois bestelle, einen Lütticher Kaffee. Das ist ein Eisbecher mit Mocca-Eis, Kaffeesirup und Schlagsahne. Damit habe ich schon mal mein Dessert vorweggenommen. Nomi bekommt Wasser. Später, nachdem wir weiter und einen Bogen gegangen sind, sehe ich ein Restaurant, dass mir das noch fehlende Hauptgericht nach der Vorspeise Gazpacho serviert: Rognons de Veau. Kalbsnieren. Dazu ein Bier vom Fass. Erwartet habe ich Stücke. Die Niere ist ganz, aber angeschnitten und geputzt. Sie wurde gut vor- und zubereitet. Ich hätte mir nur mehr Soße gewünscht.

Später im Hotel bekam auch Nomi ihr Abendessen. Danach ein kleines Nickerchen. Ich habe die „Eieruhr" meiner Smartwatch auf 40 Minuten gestellt. Da ich noch lese und nicht sofort einschlafen werde, verhindere ich so einen Tiefschlaf. Als sie am Armgelenk vibriert, muss ich trotzdem kurz überlegen: Wer bin ich? Wo bin ich? Welchen Wochentag haben wir? Nachdem ich die drei Fragen richtig beantworten konnte, stehe ich auf. Es ist 20:40 Uhr. Und es ist noch hell. Ich schreibe zunächst Tagebuch. Nomi blickt mich erwartungsvoll an. Heute der Abend- und Nachtgang in einem Stück: All in One. Wir schlendern den schon bekannten Weg Richtung Kathedrale. Wieder zum Restaurant, wo ich mich diesmal aber an ein Tischchen davor setze statt auf die Terrasse, wo noch immer gegessen wird. Ich bestelle mir ein Glas Chablis. Ich sitze so, dass ich eine Gasse und dahinter einen Teil der Kathedrale sehen kann. Sie ist wirklich riesig für die relativ kleine Stadt und dominiert diese förmlich. Dieser Eindruck wird verstärkt durch die weitere Erhöhung, die sie erfährt, indem man sie auf einem Kalksteinhügel erbaute. Darüber informiert mich das Internet, aber auch darüber, dass um 22:45 Uhr die Vorstellung beginnt.

Deshalb bin ich hier: Die Lightshow an der berühmten Kathedrale von Chartres: Chartres en lumière heißt diese tägliche Veranstaltung. Bis dahin ist noch etwas Zeit. Ich genieße den kühlen Wein, beobachte entspannt die Menschen um mich herum. Es dämmert. Um 22:40 Uhr zahle ich und gehe die wenigen Schritte zum Vorplatz. Vorne stehen viele Menschen, hinten auch. Ich stelle mich dazu. Dann geht es auch schon los. Die Fassade ist die Leinwand.

Die Rosette und Bögen werden in die Lichtkunstwerke einbezogen. Phantastisch. Bisher kannte ich so etwas nur aus dem Fernsehen. Die Musik unterstreicht die schönen Bilder. Es werden einzelne Szenen gezeigt, die den Bau der Kirche simulieren. Kleine Männchen arbeiten an der Fassade, bauen die Bögen, lassen diese von oben herab. Dann gibt es kaum bewegte farbige Bilder,

die einfach nur schön sind. Natürlich mache ich Fotos und Videos. Da bin ich nicht die Einzige. Ich zwinge mich irgendwann, damit aufzuhören. Danach wurden die Bilder und Videos nur noch genossen. Nomi hatte auch nur wenig Probleme. Es war schließlich kein Feuerwerk. Aber, fiel mir ein, selbst das würde sie nicht beunruhigen - sie ist schussfest, wie es in der Jägersprache heißt. Sie wollte aber endlich in ihr Bett und wurde nur aus diesem Grund ungeduldig. Ich auch. Zurück geht es durch die Gassen über den Platz an der Präfektur vorbei. Ich stehe wieder im Duft, sehe zu den Bäumen über mir. Sie blühen und sehen aus wie Linden. Aber die Blüten sind anders. Ich mache ein Foto. Miquels Linde – sagt die künstliche Intelligenz. Nun bin auch ich wieder schlauer. Bald sind wir zurück in unserem Dachstübchen. Ich gehe ins kleine Bett, Nomi auf ihr Deckenkissen. Beglückt von den Eindrücken schlafe ich schnell ein.

Tag 19 – Forbach / Lothringen

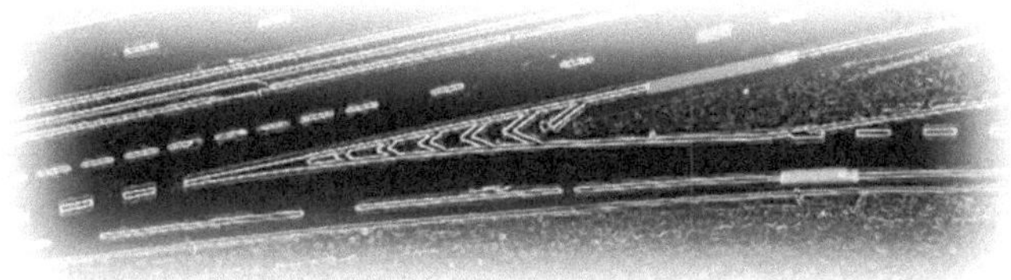

Ich staune am nächsten Morgen. Das große Bett ist immer noch unberührt. Und mir wird nach dem Aufwachen die Hand geküsst, sehr feucht und liebevoll. Bevor ich mich um mich kümmere, gehen wir die Treppen runter zum Bahnhof gegenüber. Dort gibt es Grünanlagen. Nomi benötigt ein Kitzeln unter den Pfoten, damit das Geschäftliche funktioniert. Und es klappt ziemlich schnell. Auf einem strauchigen Bodendecker. Das Produkt folgt der Schwerkraft und entzieht sich so meines Zugriffes. Ich war aber, wie immer, gut vorbereitet. Ein Beutel ist an die Stadt-Leine geknotet. Dann geht es nach oben – ein gutes Fitness-Programm. Ich gebe Nomi ihr Frühstück. Ich selbst gehe runter in den Frühstücksraum, wo wir menschlichen Hotelbewohner sehr gut versorgt werden. Besser als meistens in den französischen Hotels. Sogar Haferflocken sehe ich hier. Ich halte mich aber nicht allzu lange auf, schließlich muss ich bald zur Arbeit. Tatsächlich beginne ich, die jetzt beginnende Rückfahrt so zu empfinden. Der Spaß ist vorbei. Leichte Wehmut macht sich breit bei gleichzeitiger Freude auf zuhause.

Nomi hat tatsächlich auch jetzt das große Bett unberührt gelassen. Sie erkennt eben, dass dieses kein Sofa ist. Guter Hund. Bepackt wie ein Esel gehe ich die Treppe runter. Ich bekomme den Teleschlüssel für die Garage. Der Koffer bleibt zunächst zurück. Dann gehen wir um die Ecke und nach dem Öffnen des Tores zum Auto. Nomi springt rein. Dann starten, herrausfahren und um die Ecke. Wieder in die Parkbucht in der Einbahnstraße. Ich hatte bereits mit der Buchung bezahlt, gebe den Schlüssel ab und nehme den Koffer. „Bon voyage" „Bonne journée".

Wie fahren? DURCH Paris? NIEMALS! Das würde das Navi gut finden nach Eingabe meines Zieles Forbach, natürlich! Ich nicht. Schon 2012, als Beifahrerin, hat mich die Fahrt durch Paris an den Rand eines Nervenzusammenbruches gebracht. Außen herum wird es anstrengend genug sein. Ich sehe auf der Karte: TROYES. TREUES - so sagten wir auf früheren Reisen häufig. Schon wieder - und ließen den Ort links oder rechts liegen. Wir sprachen die Orte immer deutsch aus. Das ist sinnvoll für das schnelle Wiedererkennen, zumindest, wenn sich aus der französischen Aussprache nicht das passende Schriftbild entwickelt. Quimper – gesprochen Kampeer, wurde Kwimper genannt, mit dem Zusatz „mit Q". Damit war alles klar. Ich gebe Troyes heute ganz bewusst ein, um keinesfalls auf der Autobahn mitten durch Paris zu landen. Meine Französischlehrerin der Volkshochschule kam aus dieser Stadt und beschrieb sie als sehenswert. Ich werde also südlich um Paris fahren und einen Umweg machen. Ich nutze für das schnelle Vorankommen Bezahlautobahnen. Die Fahrt verläuft zuerst völlig normal. Aber je näher ich dem Großraum Paris komme, desto voller wird es auf den Straßen.

Eine riesige Mautstation taucht vor mir auf. Ich scanne mit den Augen oben die Anzeigen der etwa 30 Spuren. Die Fläche ist riesig und da der Verkehr nicht zu stark ist, rollt man langsam in eine geeignete Spur. Aber wo ist der grüne Pfeil? Ich sehe zunächst nur das gelbe T (Telepass), wenige rote Kreuze, die geschlossene Spuren anzeigen. Endlich – 2 grüne Pfeile. Ich stelle mich hinter ein Wohnmobil aus den Niederlanden und warte. Es passiert nichts. Vielleicht benutzt man dort auf der Rückreise zum ersten Mal eine Mautstraße, denke ich. Als weiterhin nichts passiert, steige ich schließlich aus und sehe eine verzweifelte Frau am Automaten stehen. Ich frage sie, welches Problem es gibt. Sie zeigt es mir. Das Ticket lässt sich nicht in den Schlitz stecken. Ich frage, ob ich es mal probieren soll. Sie nickt, dankbar, dass ihr jemand hilft. Der Mann sitzt nahezu unbeteiligt am Steuer. Ich wische den Magnetstreifen ab und versuche es. Nichts passiert. Es ist, als ob jemand den Schlitz zuhält. Ich sehe mich um und entdecke weiter oben einen zweiten – für die LKW-Fahrer. Auch hier passiert nichts. Meine Augen inspizieren den Automaten weiter. Da, auf der rechten Seite, befindet sich ein Notrufsystem. Ich drücke auf den Knopf mit Telefonsymbol. Dann, ein Knacken und schließlich eine Stimme. So gut ich kann, erkläre ich auf Französisch, welches Problem es gibt. Anschließend auch auf Englisch. Sie antwortet – Englisch oder Französisch? Ich weiß es nicht. Irgendetwas mit Ticket/Tikkä (so die Aussprache auf Französisch). „Ja, genau, das ist das Problem, bestätige ich". Und wieder höre ich das Gleiche wie eben. Ich komme schließlich auf die grandiose Idee, das Ticket in den Schlitz zu stecken. Et voilà – es geht. Sie hatte wohl einen Neustart des Systems - oder was auch immer – gemacht und sagte die ganze Zeit, ich solle das Ticket jetzt reinstecken. Egal. Die Frau bedankt sich, und ich gehe zu meinem Wagen zurück. Aber es dauert noch immer einige Zeit. Hätte ich noch bleiben sollen? Weiß sie nicht, wie man bezahlt? Dann endlich hebt sich die Schranke, und das Wohnmobil fährt weiter. Bei mir funktioniert zum Glück alles wie gewohnt. Aber ich hätte natürlich das gleiche Problem haben können, denke ich. Ich fädele mich auf dieser riesigen Fläche problemlos in eine Spur ein.

Autobahnabzweigungen, Kreuze – chaotisch. Starker Verkehr. Plötzlich weiß ich nicht, wie ich fahren muss. Im Nachhinein verstehe ich es nicht, denn die zu fahrende Straße ist doch markiert. Ich sehe zum Display, erkenne aber nicht, ob ich die linke oder rechte Biegung nehmen muss. Und so fahre ich spontan auf die schraffierte Fläche in der Mitte. Ich weiß, dass dies verboten ist. Aber da stehe ich nun, gucke und suche, habe irgendwie den Überblick verloren. Der Maßstab des Navis ist runtergeregelt, und trotzdem ist wegen der Straßendichte der Verlauf nicht eindeutig zu erkennen. Ich entscheide mich endlich für den rechten Abzweig. Zu beiden Seiten rauschen die Autos an mir vorbei. Meine Schutzengel müssen jetzt bitte einmal ganz harte Arbeit leisten. Ich setze blinkend zurück, sehe nach hinten. Jemand hat offenbar Erbarmen und lässt mich rein. Ich bedanke mich mit einem fröhlichen Winken nach hinten. Kurze Zeit später sehe ich auf dem Display, dass ich richtig bin. Puh. Ich stelle aber fest, und das empfinde ich als ungewöhnlich, dass ich nicht in Panik geraten bin. Ich habe die Nerven behalten, die Lage überprüft und eine Entscheidung getroffen. Manchmal staune ich über mich selbst. Was für andere nicht der Rede wert gewesen wäre: Für mich war das eine große Leistung. Auch wenn das jetzt angeberisch klingen sollte. Es ist so. Ich kenne mich am besten. Ich war ein Schisser, was das Autofahren betraf.

Kurz nach dem Großraum Paris mache ich eine kleine Pause. Die Fahrt bis hierher war kein Vergnügen, aber ich bin durch. Und froh, dass ich bisher in unsicheren Situationen immer wieder Rücksichtnahme erfahren habe. Trinken – etwas Bewegung. Während ich gehe, entschließe ich mich, nach Troyes hineinzufahren und lasse es bei der in Chartres vorgenommenen Einstellung Troyes/Zentrum in meinem Navi. Dort angekommen, irre ich etwas herum und finde schließlich einen schattigen Be-zahlparkplatz. Meine Französischlehrerin hat recht. Es ist sehr schön hier. Bunte Fachwerkhäuser, eine Markthalle, ein Park, Wasser. Ich mache einen kleinen Rundgang und gehe schließlich auf die „Terrasse" eines Restaurants, die sich neben einer alten Kirche befindet. Gegenüber, getrennt durch eine schmale Straße, das Gebäude. Das finde ich interessant. Es sieht aus, als ob die Fläche zur Kirche gehört. Hier gibt es Schatten durch Bäume, denn der ist auch heute wieder wichtig. Ich bestelle mir einen Salade de Caesar und ein Radler alkoholfrei. Nomi liegt unter dem Tisch. Ich bitte die Nachbarn, einen Blick auf sie zu haben und gehe rüber. Als ich zurückkomme, liegt sie noch immer dort. Natürlich hat sie Wasser bekommen. Nach dieser angenehmen Pause in diesem hübschen Ort wird das eigentliche Ziel ins Navi eingegeben und angesteuert. Unterwegs registriere ich, wie sich die Tankanzeige dem roten Bereich nähert. Wieder einmal hatte ich vergessen darauf zu sehen. Darum hat sich mein Mann immer gekümmert. Zum Glück gibt es nur wenig, was ich nicht allein machen kann. Die Frage ist immer, macht man es auch? Oder verlässt man sich lieber auf Partner oder Partnerin? Ich halte es für besser, wenn beide nahezu alles können. Zuviel Abhängigkeit voneinander kann problematisch sein, besonders wenn man allein zurückbleibt. Bei körperlicher Kraft entdecke ich aber meine Grenzen. Ich steuere einen Parkplatz an, um auf der Strecke eine Tankstelle zu suchen. Zunächst aber ein Blick in meine Auto-App – etwa 150 km könnte ich noch fahren. Das ist gut. In Google Maps auf dem Smartphone finde ich eine Tankstelle kurz vor der erneuten Auffahrt auf die Autobahn. Ich nehme zwischendurch dessen Navi, um diese zu finden. Perfekt. Es ist nur ein Umweg von 1 km. Nach dem Tanken – wieder relativ günstig bei einem großen Supermarkt – schalte ich erneut auf das Auto-Navi um. Oder, besser gesagt, ich schalte die Lautstärke einfach wieder höher, denn es blieb parallel in Betrieb. Das Smartphone wird weiter aufgeladen und hat jetzt Pause.

Ich fahre durch die Ausläufer des Burgunds und der Champagne. Die Trockenheit, unter der Frankreich leidet, ist sichtbar. An den Rändern erkenne ich vertrocknete Pflanzen wie sonst im Hochsommer. Teilweise ist es staubig, weil die Gerste geerntet wird. Kartoffeln werden künstlich bewässert. Ganz langsam schalte ich wieder in den Realitätsmodus um. Sonniges, warmes Wetter ist nicht zwangsläufig „schön". Wir alle werden uns umstellen müssen.

Die Ankunftszeit wurde inzwischen mit 16:27 Uhr berechnet. Durch das Tanken, Baustellen und weil ich 50 km vor dem Ziel doch noch eine falsche Spur erwischte, wurde es 16:50 Uhr. Am Hotel angekommen, musste ich den Patron anrufen, so informierte mich ein Schild am Eingang. Ich durfte aber schon auf den Hotelparkplatz hinter dem Gebäude fahren. Mit Gepäck und Hund ging ich zur Tür, als auch er gerade eintraf. Einchecken, und in den 2. Stock geht es ohne Lift nach oben. Es sollte nicht die letzte Steigung an diesem Nachmittag sein. Auf dem Bett liegend, nachdem Nomi gefüttert wurde, sehe ich auf die Karte. Da ist etwas Grünes ganz in der Nähe. Hier, an der Ausfallstraße ist es sehr trist. Ich wechsle zur Geocaching-App. Und sehe einige Caches, auch einen Earthcache, die geologische Variante. Schlossberg heißt das grüne Areal. Interessant. Nachdem ich in die Wegeansicht gewechselt bin, erkenne ich die Spiralen auf der grünen Fläche. Ein Berg - dann eben ein Berg, wenn es sein muss. Hauptsache Bäume und Grün. Es ist nicht weit. Erst die Straße entlang, dann links abbiegen in die Kapellenstraße. Und schon sieht man den grünen Berg. Natürlich geht es bergauf. Aber es tut gut nach diesem anstrengenden Tag, den ich meistens im Sitzen verbracht habe: Die Luft, die Ruhe, auch das Ambiente alter Mauern und oben die Schlossruine. Ich mache ein Foto von Nomi auf einer halbrunden Steinbank mit Balustrade sitzend. Meiner Prinzessin setze ich in der Fotobearbeitung

meiner Galerie-App eine Krone auf. Ich finde, diese steht ihr gut. Ein schöner Blick vom Schloss runter – 328 m hoch. Im Hintergrund sehe ich einen alten Förderturm. Forbach war früher

ein Montan-Zentrum. Die "Gastarbeiter" der Kohlegruben hier kamen aus dem Maghreb. Man erkennt dies an der Hauptstraße an den Menschen. Vielleicht sind aber auch Flüchtlinge darunter. Dieser Ort ist kein Touristenziel. Ganz bewusst aber bin ich hier. Ich werde mich langsam wieder der Realität stellen müssen. Ich habe keine Nachrichten gelesen. Was los ist außerhalb meines Tunnelblickes der letzten Zeit - ich weiß es nicht und wollte es auch nicht wissen. Für mich ist das ungewöhnlich, denn ich lese Zeitungen, Zeitschriften, höre und sehe normalerweise täglich die Neuigkeiten aus der Welt.

Wir genießen den Weg zurück durch den Wald. Nomi kann ausgiebig am Boden schnüffeln, ich eher in der Luft. Das Restaurant im Hotel hat inzwischen geöffnet. Ich beginne den letzten Abend mit DER lothringischen Spezialität schlechthin: Quiche Lorraine. Und deutschem Bier. Das freut die alte Europäerin. Als Hauptgericht empfiehlt der Patron Magret de Canard aux Mirabelles. Ich esse, was mir empfohlen wurde und bin sehr zufrieden mit meiner Entscheidung – was den Übernachtungsort betrifft und die Wahl des Essens. Die Entenbrust ist perfekt. Als Dessert gönne ich mir ein weiteres Bier. Danach chillen und irgendwann einschlafen. Wo werde ich morgen um diese Zeit sein? Das weiß ICH doch nicht.

Tag 20 – Zurück und glücklich

Freitag, 30.6.23

Bonjour tristesse. Gegenüber befindet sich der Bahnhof, mehrstöckige Mietshäuser. Ich bin sicher, dass es in Forbach auch schönere Orte gibt. Bei uns sieht es meistens auch nicht anders um größere Bahnhöfe herum aus. Aber ich finde hier geeignete Hundeflächen. Vertrocknetes Gras. Es kitzelt ihre Pfoten. Und einen Abfallkorb finde ich auch.

Um 6:30 Uhr wurde ich wach, und wie immer wurde ich freudig begrüßt. Nomi springt sogar in mein Bett, um gleich darauf aber wieder herauszufliegen. Ins Bett darf sie nicht. Im Zelt, auf gleicher Ebene, war die Situation eine andere. Danach frühstücken wir, allerdings, wie immer im Hotel, nicht gemeinsam. Heute wähle ich ein halbes Baguette. Dazu Marmelade, Butter, Kochschinken und Käse, Saft und 2 Tassen Kaffee. Dann packe ich für die Rückfahrt. Checke aus. Wie wird der Verkehr sein? Das Wetter? All das ist heute ohne Bedeutung. Ich wähle als Ziel HEIMATADRESSE und die ökonomischste Route. Die Zeit des Abwägens, wohin es gehen soll oder könnte, ist definitiv vorbei. Es gibt nur noch eine Richtung. Morgen habe ich einen wichtigen Termin in Groß Grönau. In der dortigen Kirche findet der Gedenkgottesdienst des Anatomischen Institutes des UKSH für die Körperspender statt. Medizinstudenten werden ihn ausrichten. Mein Mann und ich hatten vor Jahren einen Bericht im Fernsehen gesehen, der schließlich dazu führte, dass wir uns beide als Körperspender registrieren ließen.

Um 8:04 Uhr starte ich. Die Ankunftszeit wird mit 14:23 Uhr angegeben. Sicher ist: Das wird sich ändern. Die Frage ist nur - wie weit wird diese Zeit in den Abend rutschen. Es ist Freitag. Mehr muss ich nicht sagen, denke ich. Schon bald bin ich im

Saarland. Um 8:30 Uhr höre ich die ersten deutschen Nachrichten, die mich endgültig in die Realität zurückholen. Unruhen in Frankreich „? ? ?", Heizungsgesetz, Ukraine. Aber ich habe endlich wieder einen Digitalsender. „Born to be wild." Ich singe mit. Nomi erträgt meinen Gesang gelassen. Sie hat keine Wahl. Es ist ein schönes Fahren. Der Tempomat arbeitet zuverlässig, alle weiteren Assistenten auch. Der für die Berge zuständige hat Pause. Auf der A5 geht es Richtung Frankfurt. Bald werde ich in Hessen sein. Ich tanke für einen horrenden Preis an der Autobahn. Wehmütig denke ich an die großen Preistafeln an den französischen Autobahnen. In einem anderen Fall hätte ich wohl nach einem Autohof gesucht oder angehalten und in der Tanken-App nachgesehen. Egal. Ich will vorankommen. Neben einigen Euro hinterlasse ich chemisch umgewandelten Kaffee. Nomi vertritt sich auch die Beine. Sie will aber bald ins Auto. Ich auch. Bei Gießen fängt es an zu gießen. Nomen est omen. Heute ist kein Entkommen möglich, wie ich es auf der Reise praktiziert habe. Da muss ich durch. Ich hasse es, bei Regen zu fahren. Die Steigerung dazu wäre Dunkelheit. Zum Glück ist es hell, relativ zumindest. Zwischendurch Ansagen von Frau Navi, dass wegen Störungen die Route neu berechnet wurde: 23:51 – 16:34 – 18:36 – 16:14 Uhr. Ich sehe gar nicht mehr hin nach diesen chaotischen Berechnungen. Der starke Nachmittagsverkehr vor Hamburg hat noch nicht begonnen.

Ich fühle mich sehr gut und fit. Aber irgendwann habe ich Hunger und Durst. Dank des aktiven Spurassistenten kann ich zur Seite greifen und meine Linsenchips nehmen. Außerdem ist das Öffnen der Wasserflasche und das Trinken gut möglich. Ich habe die Chips auf dem Schoß und knabbere gelegentlich einen. Stopp and Go. Dank des Tempomaten, den ich auf 50 km/h gestellt habe sowie des Abstandsassistenten fahre ich praktisch autonom. Fährt der Wagen vor mir ein paar Meter, folgt meiner automatisch mit dessen Geschwindigkeit. So kann ich bei nachlassender Konzentration einen Auffahrunfall verhindern. Zur Sicherheit liegt der rechte Fuß immer leicht auf dem Bremspedal. Vor Hildesheim dürfen wir die Autobahn verlassen. Die Auffahrt auf die dortige Bundesstraße dauert lange. Rückstau. Aber wir alle lernen endlich Hildesheim-Drispenstedt kennen. Oft habe ich im Radio diesen Namen gehört, nun bin ich dort. Leider komme ich nicht dazu, diesen Ortsteil noch näher kennenzulernen, da geht es schon wieder auf die Autobahn. Läuft. Bei Hannover wird es wieder hakelig. Ankunft: 17:00 Uhr. Ich fühle mich gut und beschließe durchzufahren. Jonny hat etwas dagegen und meint, ich müsse nun mal Pause machen. Ich glaube, er ist es, der eine Pause benötigt. Ich gehorche und fahre auf den nächsten Parkplatz. Schrecklich, diese modernen Autos, die genau wissen, wie lange ich schon fahre. Statt eine Kaffeetasse ins

Display einzublenden wäre mir das Servieren lieber. Eine kleine Runde, dann geht es weiter.

Am östlichen Rand Hamburgs wird es wieder stauig, aber es läuft. Ich rufe über meine Freisprechanlage – das Smartphone ist über Bluetooth mit der Medienanlage des Autos verbunden – meinen Housekeeper an. Ich rate ihm, schnell aufzuräumen, da ich bald zurück sein werde. Er macht den Spaß mit und tut ganz hektisch und aufgeregt. Das Navi ist gut informiert. Es weiß, dass ich eine Abfahrt früher die Autobahn verlassen muss. Ich werde über eine Strecke geführt, die ich bisher kaum gefahren bin. Es wird eine Fahrt über die Dörfer, durch die schöne Hügellandschaft Schleswig-Holsteins. Ich liebe sie und freue mich. Ich habe nicht vergessen, wie gerne ich hier lebe. Dann schließlich geht es „meinen Berg" hinauf – ganz ohne Assistenz. Auf sagenhafte 60 m. Ohne Bergpass, ohne Serpentinen. Auf die kleine Straße. Noch 1,2 km – dann bin ich, sind wir, zuhause. Das Tor ist geöffnet. Der Nachbar sitzt auf dem Aufsitzmäher. Er hat gemäht. Wegen der Trockenheit, die hier herrschte, war es während der drei Wochen nicht nötig, aber morgen soll es regnen. Der Housekeeper steht daneben. Wir fallen uns in die Arme. Ein Foto wird gemacht. Ich habe Nomi auf dem Arm. Sie ist zappelig. Nachdem das Tor geschlossen ist, lasse ich sie runter. Sofort rast sie zum Tor, rennt am Zaun entlang. Bellt, damit alle wissen: Ich bin wieder da und bewache mein Revier. Sie macht ihren Job. Es ist 17:00 Uhr.

Ich packe nur das Notwendigste aus. Dann wird zuerst Nomi versorgt. Die Geduldige, die perfekte Reisebegleiterin – *ma copine*. Ich schlage vor, dass wir zum Griechen fahren und draußen auf dessen Terrasse essen. Natürlich ist Bernd eingeladen. Da er keinen Alkohol trinkt, werde ich gefahren. Sehr angenehm. Zur Abwechslung trinke ich einen griechischen Rosé zum Essen, der viel dunkler als der sehr helle provencalische ist. Das Essen schmeckt und ich bin froh, nicht allein zu sein. Wir können das Erlebte miteinander teilen. Aber durch meine Reise-Tagebuch-App hatte ich auch viele Begleiter, die teilweise meine Berichte kommentierten. Zusätzlich vermittelte dies ein Gefühl von Sicherheit. Zumindest wusste man, in welcher Gegend ich mich aufhielt.

Gegen 22 Uhr der Nachtgang mit Nomi. Alles ist wieder so vertraut. Die Wolken am Abendhimmel. Grau diesmal und - schön. Nach langer Trockenheit eine wunderbare Wolkenfarbe. Danach gehen wir alle Drei schlafen. Ich - glücklich und zufrieden. Mein Traum – er wurde erfüllt. Ich habe es geschafft. Und ich bin ein wenig stolz auf mich.

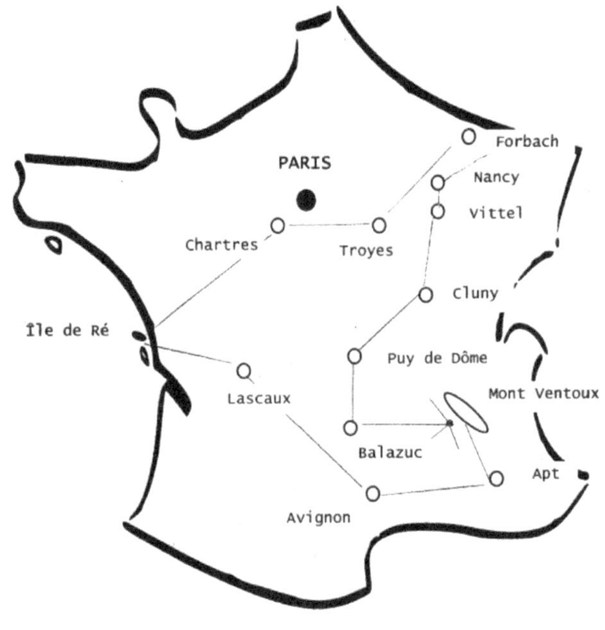

Meine Route

In der Nähe des Mont Ventoux wurden mehrere Orte besucht.

Ich bin 3700 km gefahren

Gedenken

Samstag, 01.07.2023

Vor genau 3 Wochen fuhr ich zur Erinnerungsfeier des Hospizes, in dem mein Mann im Juni letzten Jahres starb. Bei großer Hitze. Heute regnet es stark. Nun also der Gedenkgottesdienst in der Kirche zu Groß Grönau. Er wird vom Anatomischen Institut des UKSH Lübeck veranstaltet in Zusammenarbeit mit der Pastorin. Es sind die

Studierenden der Medizin und verwandter Berufe, die einen maßgeblichen Anteil an der Gestaltung der Feier haben. Es gibt einen Chor, eine Pianistin, Violinistin. Eine Gruppe gedenkt der Verstorbenen mit einfühlsamen Worten und Nennung der Namen. Sie würdigen deren Bereitschaft, ihren Körper der Forschung und Lehre zur Verfügung zu stellen. Für Jeden wird nach Namensnennung eine Kerze entzündet. Es ist sehr würdevoll, sehr emotional. Verstärkt wird bei mir dieses Gefühl durch die Musik. Die Tränen rollen. Peters Name wird genannt. Eine Kerze für ihn. Ich denke an ihn. An die schönen Momente, die wir erlebt haben. Speziell in Frankreich. Wir haben auf einem Campingplatz an einem Campingtisch Hummer gegessen. Von Porzellantellern. Mit Servietten und Metallbesteck. Dazu gab es Aioli und Baguette. Natürlich gekühlten Weißwein Muscadet Sèvre et Maine sur lie – aus echten Weingläsern. Eine schöne Zeit. Perdu.

Nun war ich allein in Frankreich – mit dem Auto, das ER mir gekauft hat, mit dem Hund, den ER gekauft hat. Sein Nachlass, der mir geholfen hat, diese Reise zu wagen. Meine ganz persönliche Tour de France. Er war immer bei mir.

La vie est belle

Epilog

Meine eigene Collage – ich machte sie morgens am Rückreisetag im Bett - entspricht praktisch der, die ich Mitte April mit Bildern aus dem Internet gemacht habe, als ich noch träumte. Diese Wunschziele habe ich alle besucht: Den Puy de Dôme, Mont Ventoux, das Lavendelfeld und das Restaurant unter Platanen sowie Markt und Römische Brücke in Vaison-La-Romaine.

21 Tage. Ich befand mich in einer Welt, die scheinbar ohne Probleme ist. Ganz bewusst habe alles Negative ausgeblendet. Ich wollte nicht informiert sein über den Krieg in der Ukraine, das Ringen der Ampel-Koalition um ein Heizungsgesetz und andere politische Themen.

Auch, dass es während meiner letzten Woche nach dem Tod eines Jugendlichen durch einen Polizisten zu Unruhen in Frankreich kam, habe ich nicht gewusst. Ich habe auch praktisch nur das weiße Frankreich wahrgenommen. Ich war nicht in den Banlieues der Großstädte. Nordafrikaner, Westafrikaner – sie machen einen Großteil der französischen Bevölkerung aus. Ein Erbe der französischen Kolonialzeit. Sind sie sichtbar in der Gesellschaft? Nein, man sieht sie nicht. Oder genauer: Ich habe sie nicht gesehen. Doch, einmal auf einem Campingplatz – als Reinigungskraft und Verkäuferin auf dem Markt. Mir ist bewusst, dass ich als Touristin nur die Sonnenseite Frankreichs kennengelernt habe. Da ich nicht dauerhaft den Kopf in den Sand stecke, sei mir dies mir erlaubt.

Es fehlen einige Regionen: Elsass, Loire, Bretagne, Normandie. Sie sind durch zahlreiche Reisen gut bekannt. Ganz bewusst wollte ich, bis auf wenige Ziele, keine Wiederholungen.

Meine Überlegungen am 22.6. die Rückfahrt betreffend, trafen nicht ein. Ich war weder in

Sancerre, noch in Luxemburg. Gerade dieses Unbestimmte, das immer wieder Veränderliche, hat mir so gut gefallen. Auch die Ungewissheit darüber, wo ich übernachten werde. Einmal habe ich sogar erst 10 Minuten vorher das Hotel gebucht. So frei habe ich mich in meinem Leben vorher noch niemals bewegt. Zum Glück musste ich aber auch nicht, wie früher, während der Ferienzeit unterwegs sein.

Mir ist bewusst, dass meine Reise, allein mit dem Auto unterwegs, nicht gerade nachhaltig und klimafreundlich war. Ich überlegte, was ich tun könne, um den Schaden ein klein wenig wieder gut zu machen. Ich ließ im Internet berechnen, wie viele Bäume ich für den CO_2-Ausstoß, den ich mit einer Reise von 3700 km verursacht hatte, pflanzen müsse. Es waren nur 3. Ich bzw. wir haben auf unserem Grundstück etwa 150 Bäume gepflanzt. 100 werden wohl überlebt haben. Der größte Teil in einem Wäldchen. Ich denke, diese verrechne ich mit den vorangegangenen Fußabdrücken. Dann kann ich neben den Bäumen das Grünland und die Blühwiese – zusammen etwa 4000 m² - ins Spiel bringen. Gerade las ich wieder über deren Nützlichkeit als CO_2-Speicher. Und immer wieder verfolge ich, gerade auch in Schleswig-Holstein, die Bedeutung der Moore und deren Wiedervernässung. Also beschloss ich, 100 € speziell für dieses Projekt zu spenden.

Vielleicht können meine Schilderungen anderen alleinstehenden Menschen Mut machen das kurze Leben zu genießen. Auf selbstbestimmten Reisen, Touren mit dem Fahrrad oder Wanderungen zu Fuß - vielleicht auch, wie ich, Fahrten mit dem eigenen Wagen. Gerade das Smartphone hat sich für mich dabei als Allrounder erwiesen, mit dem ich fotografiert, das Wetter in unterschiedlichen Regionen abgefragt, nach Campingplätzen, Hotels und Restaurants gesucht, gebucht, Tagebuch geführt, E-Mails gelesen und geschrieben, im Internet recherchiert – und vieles andere mehr – gemacht habe. Ohne dieses technische Hilfsmittel hätte ich nicht den Mut gehabt, mich allein durch Frankreich treiben zu lassen, denn – leichtsinnig bin ich nicht, mutig schon.

Träume auf später zu verschieben, wie ich es früher tat, sollte man zumindest in meinem Alter nicht mehr. Irgendwann möchte ich mal … Das ist keine gute Idee. Machen. Jetzt. **Wenn nicht jetzt …**

Übrigens – Das Smartphone habe ich in seiner Funktion als Telefon nur zweimal genutzt: Am ersten Tag in Deutschland, um eine Übernachtungsmöglichkeit zu finden und am letzten Tag, kurz bevor ich wieder zuhause war, um den Einhüter zu benachrichtigen. Für mich ist das Smartphone in erster Linie ein Multifunktionsgerät, ein kleiner Computer. Mit der praktischen Zusatzfunktion: Telefon.

Danke

Ich danke Bernd, der während meiner Abwesenheit das Haus gehütet und den Garten gegossen hat. Aus dem gelegentlich wurde täglich. Hier in Schleswig-Holstein herrschte das gleiche Wetter, das ich in Frankreich erlebte: Heiß und trocken.

Auch dem Nachbarn gebührt Dank. Da er vor dem am nächsten Tag einsetzenden Regen den Rasen gemäht hat, konnte ich meine Zeit zuhause entspannt beginnen.

Bei der Suche nach einem Buchtitel sowie dem Gestalten des Covers halfen mir mit Anregungen und Kritik: Anne, Bernd, Dhammadipa, Diana, Elke, Günter, Jule, Julien, Ulrike, Ruth …

Ich danke allen, die mich nicht für verrückt erklärten, als ich von meinem Plan berichtete.

Und ich danke auch allen, die meine Reise im digitalen Tagebuch verfolgten sowie teilweise kommentierten.

Ich habe mir aus der App FindPenguins heraus ein wunderbares Fotobuch drucken lassen. Mit sehr wenig Aufwand. Ich freue mich, dass es diese deutsche App gibt. Und - NEIN — für diese Aussage werde ich nicht bezahlt.

Es ist kein Widerspruch, digitale Technik zu nutzen und trotzdem analog zu sein. Beides hat seine Berechtigung. Alles zu seiner Zeit.

Anhang - Meine technischen Helferlein

Im Auto

- Automatikgetriebe
- Tempomat
- Abstandsassistent
- Spurassistent
- Bergassistent
- Offroad-Modus
- Info-Knopf
- Werkstatt-Knopf
- SOS-Knopf

Smartphone: Apps bzw. Einstellungen

- Standort aktiv
- Geotagging (Kamera)
- Kontakte-App
- Kamera App
- Foto App
- Google/Internetbrowser App
- Google Maps App /Route
- Wetter-App
- Google Lens -App (KI)
- Mobiles Bezahlen-App
- Übersetzer-App
- Hotel-Buchungs-App

- Auto-App
- E-Mail-App
- Signal/Messenger-App
- Kalender-App
- Geocaching-App
- Musik-App
- Sparkassen-App
- FindPenguins-App (Reisetagebuch)
- Taschenrechner-App
- Telefon-App
- Diktier-App
- Hörgeräte-App
- Krankenversicherungs-App

Ich habe einen Vertrag mit 20 GB Datenvolumen. Es wurden 4,8 GB davon verbraucht.

Sonstiges

- 2 Powerbanks
- 1 leichtes Solarpaneel (eigentlich gedacht für einen Rucksack)
- Ladegerät für Hörgeräte mit USB-Anschluss
- Ladekabel für das Smartphone
- Ladegerät für Hörgeräte-Akkus
- Kleine Tasche für Smartphone, wichtige Papiere, Kreditkarte, Bargeld, Autoschlüssel